imaginist

影像

想象另一种可能

理
想
国

imaginist

物语三千

复活平民的历史

沈继光 高萍 著

广西师范大学出版社
·桂林·

图书在版编目(CIP)数据

物语三千：复活平民的历史 / 沈继光，高萍著. — 桂林：广西师范大学出版社，2013.12（2016.7重印）
（残片图本）

ISBN 978-7-5495-4036-5

Ⅰ. ①物… Ⅱ. ①沈… ②高… Ⅲ. ①生产工具 – 中国 – 图集②生活用具 – 中国 – 图集 Ⅳ. ①K875.02

中国版本图书馆CIP数据核字(2013)第151380号

广西师范大学出版社出版发行

桂林市中华路22号 邮政编码：541001

网址：www.bbtpress.com

全国新华书店经销

发行热线：010-64284815

山东鸿君杰文化发展有限公司

山东省淄博市桓台县 邮编：256401

开本：787mm × 1092mm 1/32

印张：18.25 字数：130千字 图片：421 幅

2013年12月第1版 2016年7月第3次印刷

定价：79.00元

残片，可以成为通向诗意的一条途径，

让我们设法构想失去的整体。

目录

残片之序

张冠生

埃及纸草残片，镶于精致镜框，挂在一个个家庭壁上，供人欣赏。

中国丝绸残片，存于密封展柜，摆在博物馆专题展区，让人艳羡。

曾经，它们仅是浩瀚中的一滴。纸草残片属于卷帙一页，丝绸残片本为霓裳一角。

读者开卷，卷帙浩瀚。衣者穿戴，霓裳飞动。文化活着时，滋润万民，生活中俯仰皆是，有大美而不言。

如今，可怜巴巴一片，却成文化标志。

卷帙散了，朽了，余些残篇。霓裳裂了，烂了，剩下一角。文化死，大美去，断简残篇被供于厅堂。那个文化，只余游丝。

继光兄已苦心孤诣拍摄了约三十年文化碎片，主题有

“物语三千”。

取景器后，澄澈的眼，悲悯的心。那么用心，以致听出了物之语。了不起。

想到张大千有篆章“三千大千”。佛家对世界构成有个说法——以须弥山为中心，同一日月所照一方天地为一小世界。一千个这样的小世界为一“小千世界”，一千个“小千世界”为一“中千世界”，一千个“中千世界”为一“大千世界”，故有“三千大千”。

继光兄的“三千”，是小千、中千还是大千，或不重要。重要的是他听出了物语，听得分明、清晰、入神、陶醉，从皇城之狭到乡野之阔，从黄钟大音到纤毫游丝。

一人心力，对抗漫天毁弃。大德如梁思成，平民有沈继光。

多年前，有过这样一句话——无论多么遥远，只要这个世界上还有苦难，那苦难里就有我的一份。

有人把这句话作为知识分子诞生的标志。

不管今天的知识分子如何自我作践，毕竟有过真正的尊严。

1984 年，又有一句话——再也无法忍受。

这话刻在继光兄内心。无力遏止把文化毁作残片的横暴，惟愿全身心记录碎片光影。

一念成仁。三十年里，万幅（照片）成阵。

一个现代堂吉诃德，为文化留下残片的尊严。

残片的光影，在北京三味书屋流泻。墙上挂出一轮又一轮残片，都是继光兄所摄。

车流如河、群楼似山的长安街上，那间书屋低矮，孤独，静穆，庄严。

同一时刻，第 54 届威尼斯国际艺术双年展公布展览主题："碎裂的文化 = 今天的人？"

想到本雅明，1920 年代就以碎片文体写书。如今看，像是个先知。

他洞察出人类此后百年保持文明的特殊方式——干脆让它一上来就是残片。

北京民众讽刺长安街一端的几座现代建筑，起名"大裤衩儿，棺材板儿，阴阳脸儿，肚脐眼儿"……堆在一起，不仅碎，且碎得难看，还那么集中，像是审丑竞赛。

本雅明若能目睹，不知是哭是笑。

据说本雅明是各方面都很老套的人，像是被从 19 世纪直接扔进了 20 世纪。

他倾听的姿势，讲话的风格，走路的样子，对语词的选择，藏书的目的……都过于落伍，与所谓"新时代"距离遥遥。

尤其是面对复杂的人际关系，身临潜规则暗流漩涡，“他从来都不知道怎么应付这类事情，从来不能在这些人中间周旋自如”。

本雅明对自己的这种处境倒是清楚。他在《文集》第一卷就写出这样一个场面——“被小人看着的人自己并不在意；既不当心自己，也不注意小人。他惊愕地站在一堆碎片面前。”

惊愕之余，他记录观感——“碎片”是当代人类文化的典型象征。

当他可以看清这个世界的面目时，人类文明已成碎片状态。

放眼望去，碎片出现在考古发掘现场，出现在博物馆里，出现在拆迁铲车下，出现在规划图纸上，出现在建筑工地，出现在连廊名品店……

最终，人们的整个生活演变到零落破碎、混乱无序的地步。

作为犹太人，本雅明曾是个马克思主义者，犹太复国主义也对他产生过很大影响。

这两种意识形态的交错，同时呈现文明的碎片。一种主义要把旧有社会秩序和格局打碎，以图重新组装。另一种主义则直接面对碎片，希望“收拾金瓯一片”。

本雅明发现了“一种以碎片的方式居于当下的奇怪权力”，主导着当代文化的趋向。

一个对文化传承有极高使命感的人，对抗强权的方式，是“在过去的废墟里收集碎片残屑”，“他只需像以前那样弯下腰从废墟里挑选他珍贵的碎片就行了”。

三十多岁的本雅明手边，出现了一个黑色封面的笔记本。

他随身携带，不倦地记录日常生活和阅读，记录包围着他的各类碎片。

1921 年，卡夫卡写下一段震撼了他内心的文字——“任何在活着的时候不能应付生活的人，都需要用一只手挡住笼罩他命运的绝望……但他可以用另一只手草草记下在废墟上看到的一切，因为他与别人看到的不同，而且更多……”

六十多岁的继光兄，手边陆续出现一本、十本、百本……专题记录本，用草图、文字、胶片、编号、图片、注释、展览、留言……不倦地“记下在废墟上看到的一切”。

面对市井民宅、石鼓门墩、秦砖汉瓦、皇宫遗址、贡院学堂、店铺门脸、胡同院落、摇车炕席、门钹柱础、石碾农具……晴天去过，雨天再去，顺光拍下，逆光复拍……胶片从黑白转为彩色，相机从手动变成自动，档案从纸质扩展到数码……孜孜不倦三十年。

无意把继光兄与本雅明相比，只觉得他们是东西方文明间未通音问的知音。

本文收笔时，中国北京的梁思成林徽因故居成了残片。又添一处废墟。

真想问问本雅明：如果体力允许，继光兄是否有机会再拍三十年？

“好也罢，坏也罢，有文化的君子的日子是一去不复返了。”

这是罗素写在《西方哲学史》里的一句话。

果真如此，现在就仍然处在并将长期处在人类文化废墟时代的初级阶段。

国家不幸诗家幸。本雅明们、继光兄们大有机会。

衷心祝福继光兄有足够的心力、脚力、眼力、财力。

真正任重道远。兄不可以不弘毅。

2012 年 8 月 3 日初稿

2013 年 11 月 6 日定稿

日出而作

001

镰刀

2002 年 1 月 河南朱仙镇赵庄

的确曾用这样的镰刀割过麦，收过稻，劈过芦苇，那只是青年时两三年的结伴，不知为什么至今永难释怀。将它翻过来，倒过去，找一种感觉，千方百计想使它“永恒”起来。

002

架具上的五把刀

2003 年 1 月　四川理县桃坪

架长 145 厘米，宽 5.4 厘米，厚 3 厘米。其中有挂夹（刻字“桃坪”）的刀，长 48 厘米，宽 3.5 厘米。真正干过活，并且干了几十年的刀，插放在古旧的架具上，那是它的的确确、实实在在休息的地方，伴着黑褐的木墙板和微弱的陋室昏光，让老物件就在这个它该在的环境气氛中，刻留永恒的肖像。这是我们千里迢迢来这古村落的唯一原因。这原因不轻易告外人，同样，这原因也不轻易被外人所解。

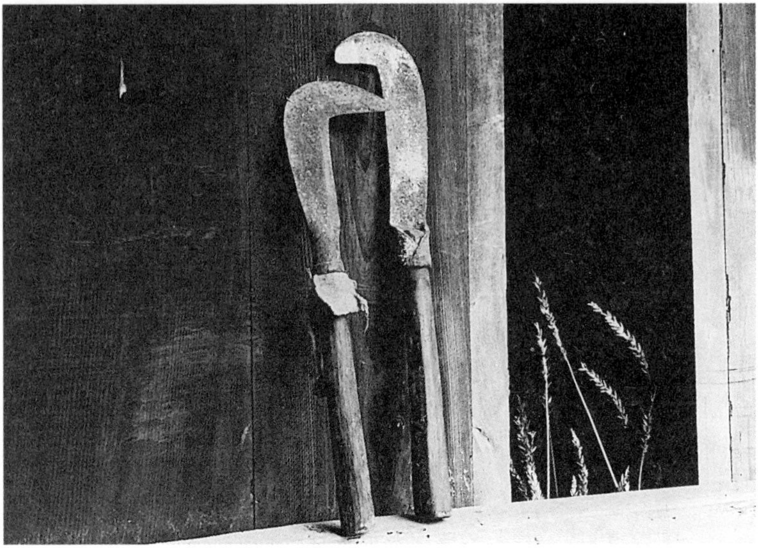

003

两把砍柴刀，相伴相对

2005 年 6 月　浙江宁海前童村

独门独院又十分阔绰，四下角落和茅厕里边，都堆着成跺的茅草、荆柴，当我和高萍瞧见这砍柴刀时，才想到这物件和柴草成跺的一点关联。噢，主人、柴草和刀具一直相依为伴地生活、厮磨、相守，一起年轻过，一块衰老着。刀的锈斑，刀的微光，刀与木把儿接合处牢紧而垫塞的抹布块……都显露出过去日子里隐藏着的细节。屋里柴草中的几根稗草竟也探出头来，斜立门边张望着什么。我们觉得好，也一并让它和柴刀走入了画面。两把刀，一个高 44 厘米，一个高 39 厘米。查“刀”，切、削、剪、砍、刻、割、斩之工具都称刀，如菜刀、剁刀、剪刀、镰刀、朴刀等。查“柴”，供燃烧之小木、散材、枯草称柴。“大者可析谓之薪，小者合束谓之柴。”(《礼记 · 月令》)

004

镐、钉、钯、锄等

2001 年 11 月　燕京爨底下村

劳作是一种艰辛，思想是一种艰辛。后者保证了前者的真正存在的价值。金灿灿的，倒不是那农具是什么金贵的材料所做，而是乡人对它手汗把攥的泽润，让我们觉得它灿然发亮。我们住老乡家院里的一间配房，塌了屋顶的一角，屋里堆着常年用不上的杂物，门一直闭着，唯独那门框，成了乡人搭放农具的地方，高矮错落，粗粗细细，那是劳动，是歇息，也是一种美。

005

播种子的农具

2001 年 燕京爨底下村

籽，乃植以发芽生苗，终成植物者；以其类米，故从米。又以籽本作“亲之后”解，某植物种子即某植物之后，故籽从子声。——引自《形音义综合大字典》

006

从播种架卸下的木筒

2002 年 4 月　燕京爨底下村

直径 13 厘米，高 35 厘米。筒上有活动的呈倾斜的木盖，在晃动中种子徐徐由此落在地里。

《齐民要术》序载谯子说，“早晨一同出发（拾野菜），晚上归来休息的时间不同，勤劳的人就能得到满筐的蔬菜……不织布就没有衣穿，不耕作就不会有食物。人们怎么能够不发挥自己的努力呢？”（原文是：“朝发而夕异宿，勤则菜盈倾筐……苟有羽毛，不织不衣。”）是的，看着这个木筒，我们也在问自己：今天我们究竟播了几粒种子，那种子是好种子吗？昨天呢？明天呢？我们怎么能够不天天努力呢？

007

木犁和牛鞅

2003年1月 四川阿坝藏区木城沟

木犁头。总长74厘米，底宽15厘米。牛鞅，牛拉东西时架在脖子上的器具，其中有麻布缝织的厚软护袋保护牛颈，防止木质的役具磨伤。

008

犁

2001 年 燕京爨底下村

木犁，翻地用的。只剩下了犁的基本骨架，其他配件不知散落何处，她孤独地斜靠在墙角的背阴处喘息，她老了。后来，我们在山西一村落的民俗陈列室，拍摄到了完整的犁，可品味起来，仍觉得这角落里残破的、经几代人使用过的犁，更耐看。

009

缺齿的搂耙

2002 年 5 月 晋南丁村

木质。耙头，长 47.5 厘米，宽 16.5 厘米。把儿，长 130 厘米。翻麦子的农具。乡人挺愿意让我们拍摄他们干活儿的农具，即使是刚刚收工，忙了一天。因为仓房暗，我们把搂耙拿到院中，依靠灰褐色的瓦片堆，借着黄昏的天光，耙头亮了起来。拍摄时，不知乡人感觉到了什么，我们很想知道。

010

依着大车的耢

2002 年 5 月 晋南丁村

长 130 厘米，宽 40 厘米。“平整土地用的一种农具，长方形，用藤条或荆条编成。功用和耙差不多，通常在耙过以后，用耢进一步平整土地，弄碎土块。耢（lào）也叫耱（mò）或盖。”——引自《现代汉语词典》

011

靠着仓门的耙

2002 年 5 月 晋南丁村

木框，家槐。长 140 厘米，宽 56 厘米，钩直 18 厘米，钩弯 5 厘米。

您看，用自己的树，锯成材，剖成料，打榫整装，然后用临村铁匠铺的下脚料弄成钩，深深地嵌入框架。自己明白，自己动手，自制自用。那农具，粗粝坚实，简约耐用，让用它的人方便放心。这劳作过程，节省了资源，保护了环境，运用了才智，得到了快乐。一个“耙”带给我的启发，不只是“自力更生，丰衣足食”，它诉说的更是—— 一个人该在自己的一生中经过自己自觉地劳作和磨炼，渐渐拥有一个自己独立的、自足的世界。在物质上如此，在情感、精神、学问上尤如此。自力，自立，才有真的自信、自尊，才有真的自由。

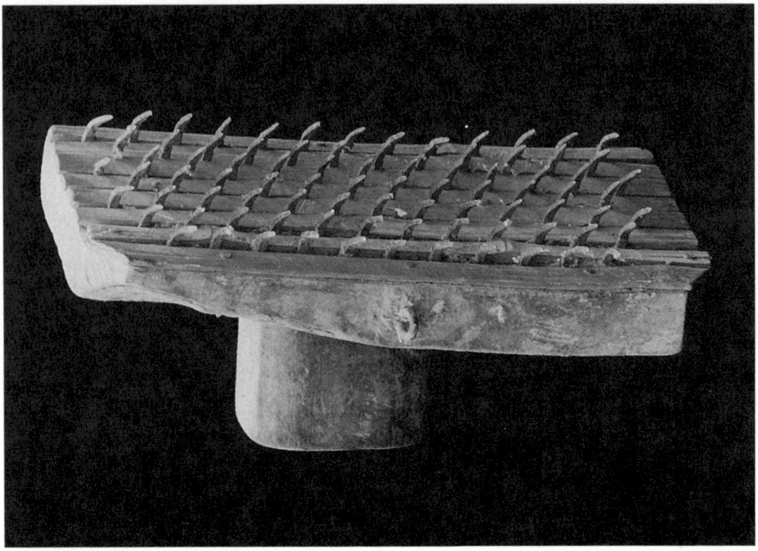

012

耙地用的农具

2002 年 4 月 燕京爨底下村

木质，竹片，铁耙齿。齿长 3.5 厘米，耙头长 29 厘米，宽 14 厘米，厚 3.4 厘米。

013

不曾见过的铁头木把工具

2003 年 1 月 四川阿坝藏区木城沟

最巨者，把长 150 厘米，铁头最宽处 23 厘米，直径 7.8 厘米。干什么的？藏民说 :“挖木头的。”就是刨大树根部的利器。想起藏民村子里满巷满门的断木柴堆，刨树不就是一项最基本的劳动吗？有这样怪异又顺手的工具就是十分自然的事。“不曾见过”，是我们自己见识太少的缘故。

014

靠着木栏的皮坎肩和挖贝母的工具

2003 年 1 月 四川阿坝藏区木城沟

铁尖头，长 24 厘米，最宽处 4 厘米，厚 2 厘米。木把，长 9.5 厘米，直径 3.3 厘米，有菱形雕纹。贝母，多年生草本植物，鳞茎入药，有祛痰止咳等功效。四川特产贝母，称川贝母。出于刨掘的需要，就有了这工具。物件，随人类的生活，不断衍生，也不断沉灭，记录物件，正是记录自然地理、人类生活的生生灭灭。

015

搓玉米的器具

2002 年 5 月 晋南丁村

由丫形树枝截取成支架，凹槽嵌铁探头成搓板，组合起来，就可以由上而下地搓玉米棒成玉米粒子。猛一见此，不知何物。经乡人指点，再细看，细想，即钦佩他们简约的智慧巧手，对自己在农事上的漠然无知深感汗颜。搓板，长 50 厘米，宽 7.5 厘米，厚 5 厘米。丫架，长 42 厘米。铁探头，长 9 厘米。

016

搁在红木门前的提筐和背筐

2002 年 5月 晋南丁村

荆条编织。提筐，长 45 厘米，宽 40 厘米，深 22 厘米。背筐，长 90 厘米，宽 42 厘米，深 26 厘米。

017

仓房门口的背篓

2003 年 1 月　四川阿坝藏区木城沟

竹筋，竹片多层编制加固，经年不毁。铁环，背带，在明暗交界处，对比强烈，我们看清了物件，也认识了物件的主人。

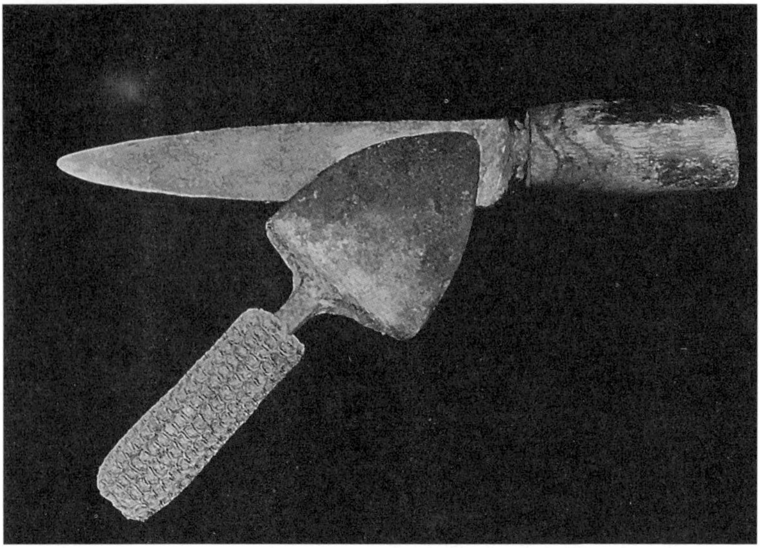

018

移苗、启苗的铁铲

2002 年 4 月 燕京爨底下村

条形铲，长 26 厘米，宽 2.6 厘米。三角形铲，长 19.5 厘米，宽 7 厘米，其把儿为玉米棒子的核。用玉米棒来做那铁铲的手柄，多么神奇！而且挺好使的！这又让我们想起“玉米核”的另一场景，另一故事：也还是在爨底下村一乡人家借宿，劳累了一天的我们和劳累了一天的乡人，晚上想喝二两酒解解乏。老乡没言语，蹲下身，从不轻易打开的老柜里层，取出了一个老物件——黑色的温酒壶，倒进二锅头，将壶放入盛着开水的大碗，靠在红红的火炉边。乡人又转身出屋，在院里随手掰了一个玉米棒，尖尖的棒，塞在了壶口。这就是壶盖！我们就是生活在与乡人的温暖促膝中，逐渐学着干《物语》这活儿。

019

短铲

2002 年 1 月　河南朱仙镇腰铺村

《淮南子》曰："耕之为事也劳，织之为事也扰。扰劳之事，而民不舍者，知其可以衣食也。人之情，不能无衣食。衣食之道，必始于耕织……"

020

农具

2002 年 1 月 河南朱仙镇腰铺村

尽管地上有许多小枝条，冬日的残叶，干瘪的禾秆及小坑坑，但我们仍认为地是干净的，可爱的，以它做背景，真实、踏实。这些东西，是地上生长的，和大地是一家人，连同那农具。

021

撮谷用的铲箕

2005 年 5 月 浙江慈溪天元镇

木质。长 55.5 厘米，宽 24 厘米，高 18 厘米。后有直把儿，以木轮固定；前有横把儿，榫其两端，甚坚实。铲箕底部的裂纹由一铁锔二铁条补牢。这撮谷的工具，像斗，像箕，像铲。为了干活方便，工匠和农人就综合了几种工具的特点制成了它，由此我们看出创造乃是不拘一格的智慧。铲箕横把儿手泽的润亮，告诉我们它已经使用许久许久了。查“谷”字，意为植物所结之实可供人日食者。典有“岁月日时无易，百谷用成”（《尚书 · 洪范》），“孟秋之月，农乃登谷”（《礼记 · 月令》），“谷者，民之司命也”（《管子 · 山权数），“二月卖新丝，五月粜新谷”（聂夷中《咏田家》）等等。保证足够的农田和粮食，在今天，仍是首要的。

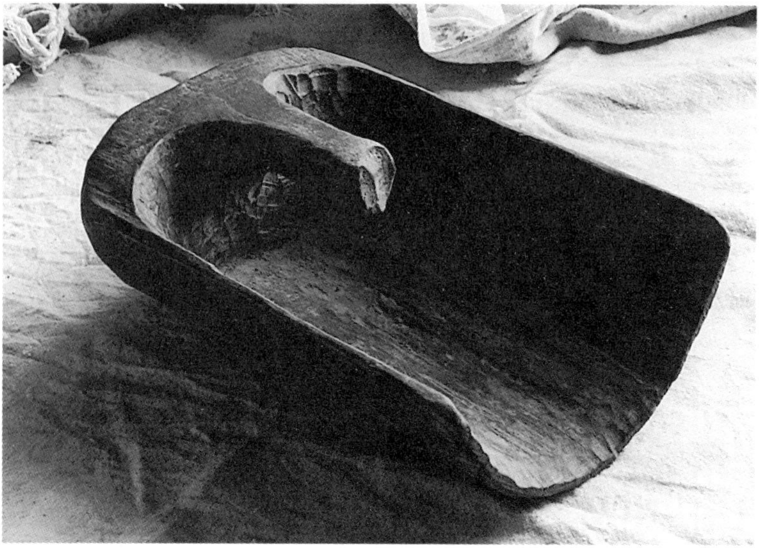

022

撮粮的独木铲箕

好就好在它是独木砍削而成，长 28 厘米，宽 18 厘米，高 10.5 厘米。最可心的地方，是其把儿不在铲箕之尾，而在铲箕之中，这样制作这个工具，既节省了独木的用料，又节省了相当一部分撮粮时手臂的用力，工匠与农人，真慧心妙想啊。铲箕的根底，甚厚实，砍削时凿刀一下一下，痕迹十分清晰。吾甚爱之，放它在农织的土布上，光线抚摸着老物件上的起起伏伏，坑坑洼洼，为它写下一个无字的碑铭。

023

坐在水桶上的簸箕

2002 年 2 月 燕京爨底下村

长 40 厘米，宽 40 厘米，厚 12 厘米。竹篾柳条编制，用来盛东西，颠粮食（扬秕糠、尘土等杂物）。

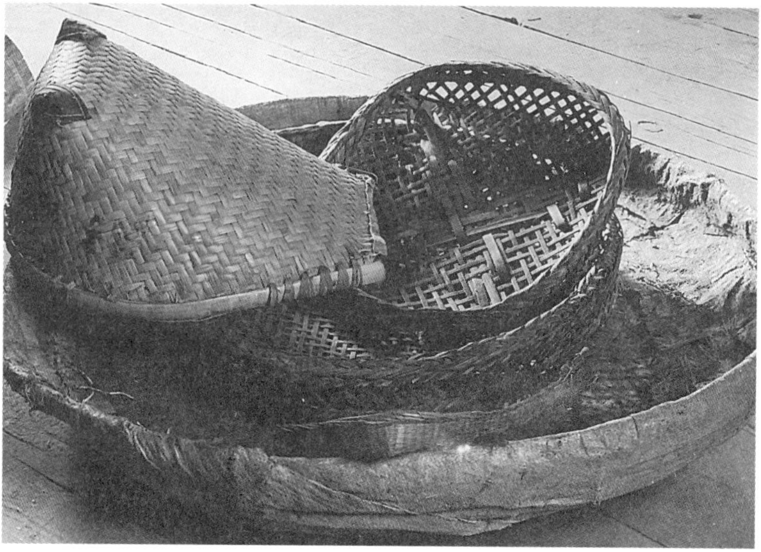

024

一堆有补丁的簸箕和竹箩

2003 年 1 月　四川理县桃坪

竹篾编制。大者，直径 100 厘米，高 25 厘米；小者，直径 46 厘米，高 8 厘米。各具模样，各具用场，或扬谷去糠，或晾晒果蔬，或淘米洗菜……哪里破了，还要用皮革、厚布一一补上。乡下人为自己、也为城里人的衣食，在日复一日直腰弯腰、弯腰直腰的劳作中耗尽了体力。腰，弯了。再看乡人，我的眼神有了变化。

025

木质尽露的风车（局部）

2002 年 5 月　晋南丁村

现存丁村民俗博物馆，为清末民初的加工稻谷去秕的农具。《天工开物》记："凡稻最佳者，九穮一秕。倘风雨不时，耘耔失节，则六穮四秕者容有之。凡去秕，南方尽用风车扇去，北方稻少，用扬法，即以扬麦、黍者扬稻，盖不若风车之便也。"

026

场院上的打稻具

2005 年 6 月　浙江宁海前童村

嘿！我们终于见到了这么个“全须全尾”的打稻工具，多么幸运。它，由斗形大木桶、大木排和竹编围席组成。桶周以粗木榫卯交结，甚牢实，有横木提手。木排由长条方子钉日字形，上排十五根枝条。围席呢？由几根粗韧的竹竿，剖半夹住席身，以藤绳处处扎结，下部竹竿的剖岔，刚好插入木桶的三面沿边，装卸灵活。明代宋应星著《天工开物》“攻稻”一节，配图只有斗形木桶。记文：“凡稻刈获之后，离稿取粒。束稿于手而击取者半，聚稿于场而曳牛滚石以取者半。凡束手而击者，受击之物或用木桶，或用石板。收获之时，雨多霁少，田稻交湿，不可登场者，以木桶就田击取。晴霁稻干，则用石板甚便也。”我们眼前的打稻具，桶底钉有两根粗木，隔泥湿，便于稻田打稻。有木排，摔击稻禾更有功效。围席，一量，高 210 厘米，会将飞脱扬起的稻粒围住而下落桶中，所以席也称“遮扬”。

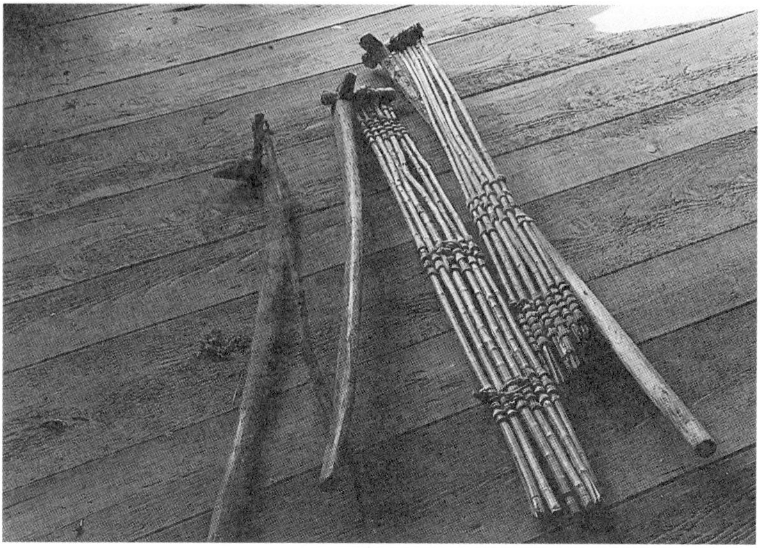

027

打麦子的工具

2003 年 1 月 阿坝藏区木城沟

这里人称“连枷”，一种极有韧性的植物枝条，用皮条串联绑捆成排状，然后以木轴和粗木把手对接，挥动打麦，有劲，面积大。这是羌藏地区常用的打麦器具。木板二楼是储存工具的。我们放平它们，拍下来。木棍把手长 123 厘米，连枷排长 130 厘米，宽 10 厘米，单根直径 1.8 厘米。

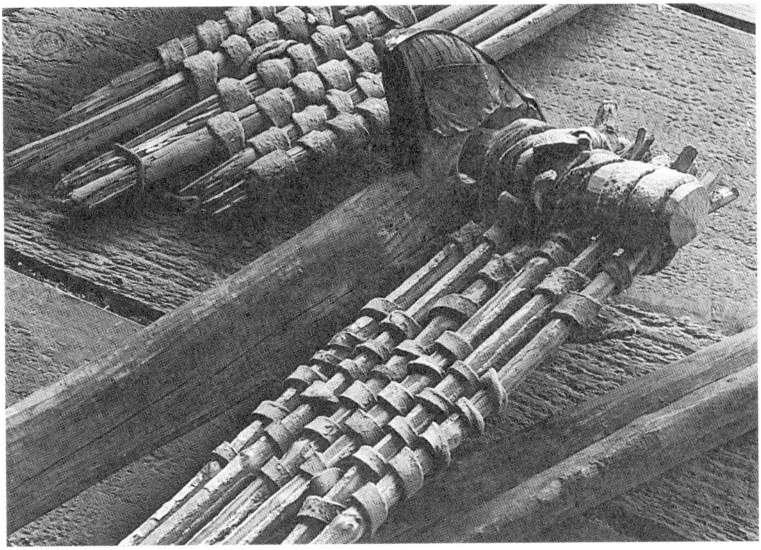

028

打麦子的工具（局部）

2003 年 1 月 阿坝藏区木城沟

“拍局部，做啥？已经看清了。”

“这样拍摄，不是仅仅为了让我们看清，而是让我们去触摸，抚摸，有一种现场感。仿佛真的把攥了这几代人用过的工具，仿佛真的沾染了那工具上先人的手泽留痕，甚或让我们的脸上，也映照出了如同仓房楼板上的那种温厚的微微的辉光。”

亘古厮守

029

从河北收集来的粮桶

2005 年 5 月　浙江慈溪天元镇

木质。高者，口径 18 厘米，高 41 厘米，上下沿圈均有铁箍和铁锔把牢，腹部有木块样的提耳。矮者，口径 16 厘米，高 37 厘米，桶上沿有铁箍把牢，中、下部有铁锔连同铁箍嵌入桶壁。查“锔”，铁钉之两端屈曲者曰锔，屈曲部分嵌进器物，起坚固或补牢作用。此两桶的铁箍和锔相互钩连，布设得体，使整个桶既结实耐久，又具古风之美。箍桶匠的手艺，是几代人或更长久技能的积累，而传授，更是要花时间、要用手（训练）去记录的过程，靠跟师傅呼吸着同一方天地的空气，边干边学出来的。现在，没有人再需要这样的桶盛粮食了，所以箍桶匠及匠艺都消逝了，甚至连能够欣赏这古风之美的眼力也消逝了。我们在浙东的收购站，拍摄到从河北农村弄来的物件，正是巨变中迁流与消逝的证明啊。别忘了，用树木的材质做成的桶盛米盛面，不变味，而且好吃。

030

浙东一个老物件仓库

2005 年 5 月 浙江慈溪天元镇

储油、备粮、盛米面的木桶，以及粮斗、条案……它们原本生活在农人身边，现在流徙到城市，成了待卖的古董和文物。一个浩长久远的农耕时代结束了，这是在世纪之交的中国发生的事情。难道，现代化就是遗弃古老、简洁、地域个性化的器物而归于以钢铁、塑料、化纤的高科技机器大生产为代表的全球化经济么？如果没有了在劳动、生活（也包括器物）等方面地域性的差别，哪里还有世界丰富的文化可言？从眼前凸显的无数老物件瞬间集体性的遗失变迁中，我，似乎听到一点先知般的理性呼喊，它发自“反对全球一体化”、“绿色和平组织”、“罗马俱乐部”的人群。同时，我更记住并以微弱的力量从一点一滴做起：“一切理论都是暂时的，唯有事实的总汇才具有永久的价值。”（J.G. 弗雷泽语）“只有直接有赖于泥土的生活，才会像植物一般在一个地方生下根。”（费孝通语）

031

盛菜籽的器物

2002 年 1 月　燕京爨底下村

直径 4.5 厘米，高 9 厘米，分别以木片和皮子做器物的底部，以铁丝或麻绳做提手，是由牛犄角稍加改造而得。“无不成器”——顺任着天性，添补一点点，即可。器，真是无所不包，各种用具的统称为器物，器，又有气量、气宇、气度，那是多么辽阔的精神世界啊。庆幸自己，在偏远的古山村看到了这盛菜籽的牛犄角，对器的认知，由器物而扩展到气宇。

032

刷大锅的用具

2002 年 2 月 燕京斋堂镇柏峪村

长 95 厘米，树枝剖析而成。树枝，剖了，析了，松散了，露出一条条纤维，就成了刷的毛；紧着，合着，聚集在一起，再有外皮包着，就是原来的粗树枝，就是这刷的把儿。粗树枝，上头下头，两个状貌，两个功用，两种神情。自己没有细读的能力，乍一看，以为刷是刷，把儿是把儿。再看，再去拍，噢！原来是一段粗树枝变出的。学会细读，有了生趣。

033

老磨的把孔

2001 年 11 月　燕京爨底下村

把心情的对象，即最能激起人的情感的事物当做自己的对象，不管那对象是人，是物。其实，我看出来，物里有人，人里有物。

034

老磨

2001 年 11 月 燕京爨底下村

平凡，可能正是平凡，救了一个人的命，也救了一个老物件的命。照片中的老磨，直径 47.5 厘米，高 30 厘米，底座直径 78 厘米，由上下两个石盘组成。

035

碾子的木架

2001 年 11 月 燕赵古村落

一直想寻到一个物件，能让它说出一直蕴藏于内心的话语。当在古山村幽暗的磨房里找到它时，话语不那么重要了，一切都在不言的凝视之中——凝视着它的经历——抚摸着自己的经历。

036

老屋门边的石磨和围架

2005 年 6 月 浙江宁海前童村

以前只见磨和磨盘，没有见过它的围架，大约见到的磨较大，干大活儿，而且是在村头大院公用的，甚或盖有小屋来做磨房。这个磨是私家用的小磨，围架作什么用？不管是磨粮磨豆，成末成汁，都要保证干净，别让院里侍弄的鸡呀鸭呀猪呀给啄了舔了，别让尘杂弄脏。围架，有抽动的活板，取石盘磨好的东西十分方便。追问磨的来历：磨，以两石上下相合，中间琢纵横齿纹，能旋转碎物成屑，研米成粉，破谷出米。此物器皆始于周朝（据《事物纪原》载）。周朝先人们发现磨研的原理而制作的器物，使用到现在，让我领悟到了一点——基本的原理，是可以长久地与人类、自然共存共融的。

037

豆腐块块，晾在豆腐坊窗下

2005 年 6 月 浙江宁海前童村

提起豆腐，有历史可寻："豆腐之法，始于汉淮南王刘安。"(《本草纲目》) 以豆类制成的有豆浆、豆油、豆糜、豆饼等，这都源于谷类植物的豆。豆，有大小两种，大豆曰菽，有黑、白、黄、褐、青、斑数色；小豆曰荅，有赤、白、绿数色。豆植物高三四尺，结荚含实，实或圆或扁，其大小色泽随品种而异。回来再说豆腐。它的制作是由黄豆泡透磨成液汁，加水去渣，煮开而成豆浆 (也称豆乳)，后再加入石膏或盐卤使之凝结成块，压去一部分水分就做得了。老窗下，竹排上，由古老的豆类沿用古老的方法，由古老的农人弄出这白白净净香香软软的豆腐，享用一下，真是福分啊。

038

两个爪镰

2002 年 2 月 燕京爨底下村

铁质。长 9 厘米，宽 3 厘米。经问询，此工具的用法是手指套在穿孔的绳上，用爪镰刃刮削核桃或一些较硬的果蔬的外皮。打制爪镰的工匠，在镰上留有字号“杨”。我们在屋顶有裂缝、四壁颓斜的黑暗中，在积满厚厚浮尘的旧席、老檩、破筐、残罐的堆积中，在随时可能会钻出什么蛇、妖狐之类的担心中……寻找“物语三千”的东西，有些即使拣出来，都无法辨认，几乎是“满面尘灰烟火色”。只有再经擦拭，才现出真面目来。这时，我们才第一次意识到，我们的工作多少染上了冒险“考古”发掘的色彩，多少有一种穿过尘灰、穿过光阴而进入历史的感觉。

039

背架（正面）

2002年2月 燕京斋堂镇柏峪村

木质。上宽25厘米，下宽35厘米，高123厘米，手缝背带。乡人用于背柴草豆禾等。米勒、梵高勾勒、塑造负柴者的一幅幅油画，常映在我心中。负柴者独自在路上，或三四负柴者做伴同行，或负柴者在远方隐现，或正归家入院，又或在幽深月光下佝偻蹒跚……观周思聪晚年作品，那笔墨枯润的涂抹下所画的“负薪”女子们，或吁吁奔走于落木萧萧，或小憩投靠于骨干大柯，负薪者组成了浩荡不断的蹒踵图。目光经过，怦然心动。我所画负重者，腰被所负柴火或装入麻袋的秋实之物压弯，头颈埋于胸而不见脸面……拍摄背架，又一次点燃了我画负重者时的心思。

040

聚子

2001 年 11 月 燕京爨底下村

背草柴火枝时，用此将绳子聚拢。

“上山下乡”晚期，知识青年要离开农村返城了。曾经暗暗爱慕一位知青的乡人，就在车子开动的瞬间，把他背柴捆草用的聚子和粗绳，偷偷又急急地交给了她，让它留在她的身边。为什么赠聚和绳呢？聚绳，在那个乡人心里极珍贵。因为他天天负重，天天将那聚绳贴在胸口抚摸把攥，那物件里一定藏着他的生活、生命，他身体的气息吧。经历与心得，让我体会到这些，于是，拍摄的时候，再三琢磨，终于把它安置在一条长凳上，受着一缕爱的晨光。

041

三个半聚子

2002 年 5 月 晋南丁村

木质。长 18 厘米，宽 6 厘米，厚 2 厘米。经由它聚紧绳子，使肩背上捆绑的柴草或其他物品不至松脱。自给自足的乡村，背后却是没有一日可以闲过的繁重体力劳动，得以维系全部的，也就是基本的日常生活，“昼出耘田夜绩麻”，“也傍桑阴学种瓜”（宋朝人范成大）。我们只跑了几个村落，见家家户户窗台上，屋檐下，仓房里，柴草边，都有聚子挂落，而且是各家利用木头、树枝，锯砍打磨而成，状貌不一，甚是可爱。聚子，肩背柴草、玉米、土豆……年复一年，那肩厚了，那背驼了，终于从无数的聚子联想到无数驼背的农人。

042

剖芦苇的工具

2001 年 11 月 燕赵古村落

长 5.3 厘米，底边宽 3.3 厘米，上边宽 2.8 厘米，由硬枣木削成，以此工具头部三叉形的尖锐部分将芦苇秆纵向剖开，成三根，顺槽推延，成细长的苇蔑，可织苇席。从前，我哪里知晓这个陌生物，全赖借宿山村的那家主人比划演示，才让我能写出几个说明性的图注。欣喜之余，曾将这幅照片呈给城里的师友亲朋相认，有些还是很有学问的人呢，可得到的回答却是 ：“说什么也认不出来，别难为我们了。”看来，乡人自有乡人丰富生动的知识 ；城里人，哪怕知识分子，唯葆有一份对乡人的虔敬尊重，才能与“只求知天下”的渴望沾上边儿。

043

靠着夹道墙的荆席

2002年2月 燕京斋堂镇柏峪村

竹劈儿和荆条编织而成，平躺置院中，晾晒玉米等物。席，长190厘米，宽160厘米。

眼下，它直立着，闲着，晒着阳光。

044

古旧的榨汁工具

2005 年 6 月 浙江宁海大佳何镇

木质。长 50 厘米，宽 24 厘米，高 40 厘米，很像是在一个平常的小板凳上创造了这个奇妙的东西。两个前腿，穿过凳的板面，重合为一个固定的结，A 形的空隔中置一拱形的横木。粗重的杠杆，前端伸到拱形横木下，杆身固定着饼状圆木，圆木下方的板凳有稍大些的外圆凹槽，凹槽又通直槽延向板凳的边沿，做成下垂的槽口。只要抬起杠杆，将要榨汁的果蔬放在杠杆的饼状圆木下，手压后杆，果蔬的皮肉就被挤压成泥成汁，汁液四溢顺槽流下，人们只要在槽口安置个器皿，就等着喝这鲜鲜浓浓的果汁吧。“春余甘蔗榨为浆，色美鹅儿浅浅黄。”压榨取汁，原理有趣简明，工具朴素稚拙，汁浆鲜美纯净。倘两个人，搭配起来，一个放果，一个压杆，边说边笑，看着汁水不断顺着槽嘴慢慢流，流成一碗，流出一壶，流作一杯……举浆相贺，多开心。

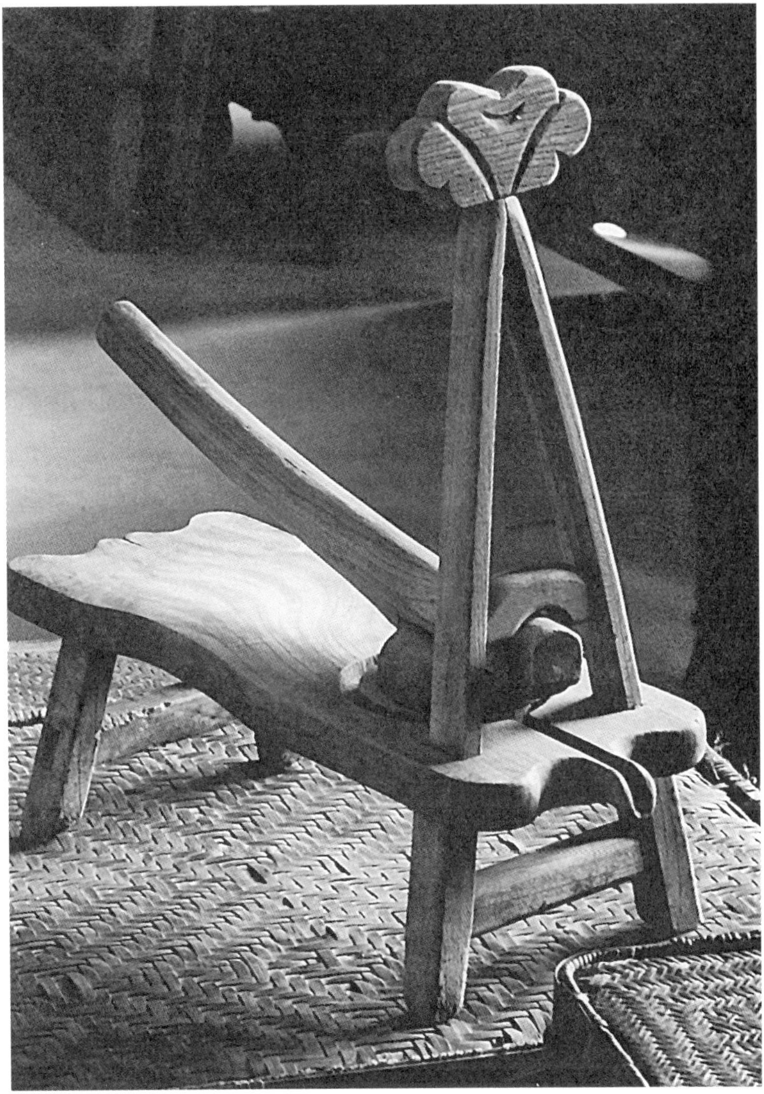

045

靠着门框的大秤杆（局部）

2002年2月 燕京爨底下村

秤杆，木质。钩件（钩挂被秤的物体），铁质，长29厘米。环件（提秤杆秤物体的把手），铁质。

046

2 米多长的老秤杆

2002 年 5 月 晋南丁村

木质。长 230 厘米，杆头直径 6 厘米，杆尾直径 4.5 厘米。上有小铜钉嵌入，镶成计量的秤星和其他数字图案。秤毫（秤杆手提的条状物，多用绳子制成）至今犹在，秤钩（用来挂所秤的物体）已失原位，拍摄时，暂搭在了秤毫上。这是清末民国初年的老物件。上图为老秤杆上的秤毫、秤星和数字。左：五拾，右：壹佰。

047

有铸字的大秤砣

2002 年 2 月 燕京爨底下村

铁质，棱锥形。高 13 厘米，下底对角长 13 厘米，上底对角长 9.5 厘米。秤重量的器具，与秤杆配合使用。砣的周围四面有凸起的铸字："法定 · 公 · 粮 · 秤"，"公" 字上端有凹入的铸字 "19 □"，未能辨识。

048

斗

2002 年 11 月　燕京爨底下村

农人家里几代人沿用的“斗”，自己的斗。这标准的量器，像秤一样，存留在百姓自己的房间里，存留在百姓自己的内心深处。“世不公”尽管没说出来，但心肚极清楚极明白。也许还不是说出或打破的时候。

049

戥和装戥的特制木盒

2003 年 1 月 四川阆中

戥，本义作“权小数之衡器名”解。（见《辞海》）乃指用以测定贵重物品或某些药品重量的小秤，本名“等子”，俗亦作戥子，戥杆上有分、厘、丝、毫等刻划，最大量为两。刻划处皆钉入小铜圆点，如星，以便认识。

戥杆盒（木质），长 43.5 厘米，厚 3 厘米。戥杆（象牙质），长 40 厘米，径 0.5—0.7 厘米。戥盘（铜质），径 7.6 厘米，深 0.2 厘米。戥砣（铜质，柱状），高 4 厘米，底边 2 厘米。

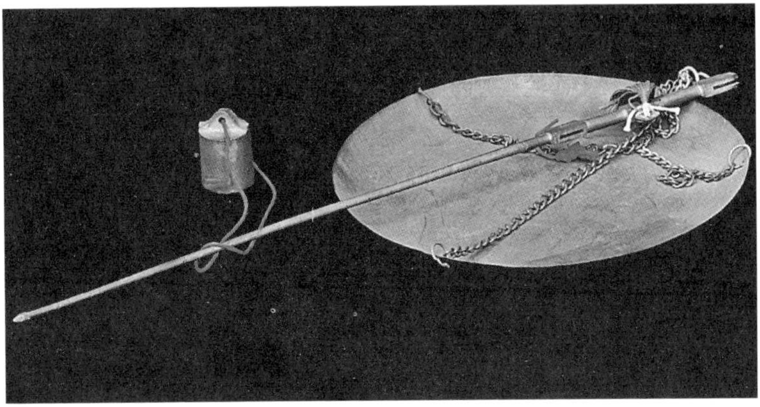

050

全铜的秤

2003 年 1 月　四川阆中

秤杆、秤砣、秤盘是铜质的，就连秤杆与秤盘的三根系带都是铜的链节。那工匠竟把它认作一件艺术品来精心打制。大概，也正是这种精心，让这物件留到今天。收藏人称，物为清代所用。杆长 27 厘米，直径 0.25—0.3 厘米。盘径 13.7 厘米，深 1 厘米。砣径 1.8 厘米，高 2.7 厘米。

051

收集地的上百个粮斗和一架四轮木车

2005 年 5 月 浙江慈溪天元镇

甲骨文已有“斗”字，上象斗形，下示其柄，篆略同，其本义作“十升”解（见许慎《说文解字》），乃量器名。斗，和“斗”字，如此古老，它跟悠长的中国农耕生活亲密得哪能分开？！哪个村，哪个家，会没有斗呢？那是收获五谷的量器，也是交租纳粮的计量，其中包含了多少农人的欣喜、悲苦和再三再四的掂量。度量衡，公制化后，有许多农村家庭仍有用斗来盛些东西，现在是根本地丢弃了。它，将和甲骨文、金文的斗字一样，渐渐被人们遗忘，谁还认得甲骨文的“斗”字？只有寥寥几个文字学的专家才识得吧。再过些年，面对这“斗”，一般青年也认不出了，叫不出它姓字名谁。那架木车，木质坚实，铁箍穿钉处处把牢，至今无半点松散晃动。我们见过现在的一些国办或民间办的民俗博物馆，或许还没有如此古老级别的木车。

052

清末民初的粮具

2002 年 5 月　晋南丁村

木质，铁锔钉包固。左粮具，上 16.5 厘米 ×16.5 厘米，底 12 厘米 ×12 厘米，高 10 厘米。底部写有“水”字，未考证。右粮具，上 18 厘米 ×18 厘米，下宽 14 厘米 ×14 厘米，高 11.5 厘米，一面有字“义”，四面各一字，组合为“喻义堂置”。

053

从各家各户收集来的各式各样的木桶

2005 年 5 月 浙江慈溪天元镇

乍一看，不都是那个样的木桶吗？再一看，不对了，真是各式各样，腹部的铁箍，有的偏上，有的偏中；提把儿和桶交接处加固的铁叶，有的偏圆，有的宽，有的窄；桶的沿口，有的收得曲度大，有的收得曲度小；为了方便使用，桶的主人有的给桶系上了橡皮条，有的勒上了粗绳，有的则缠上了布条；桶，有的新些，只用了几年，有的旧些，近乎老，悠长岁月茹苦含辛满脸皱纹了；再说，这桶，有的被用来挑清水，有的是倒泔水，有的当便桶，有的就是上田浇菜的粪桶……这哪里是桶的堆积，我分明看到的是多少户人家茅棚田园生活的图像，看到的是多少个村上百年的男耕女织情景的重演。这是多么高密度的一块历史碑刻呀。

054

从古村镇古村落收集来的粮斗

2005 年 5 月 浙江慈溪天元镇

谁见过这场面，里三层外三层地垒积这么多的粮斗！我们惊叹收集者的能力和见识，更惊叹这些几代人上百年来使用的生产工具和生活器物的急速流失：粮斗贴着有编号的标签，准备转卖到国外和国内的旧货市场，也包括热心的收藏家。仓库主人很好，我和高萍因挑选、组合、拍摄老物件忙得手足无措，他们就帮助记录名称、质地、尺寸、用途，还赶鸭子上架地画个物件草图，大家其乐融融。后来，谈到了如果能将这东西留下来，办个江南民俗博物馆，永久地收藏、展览，供专家学者研究，供老百姓回味欣赏，并由此联想设计未来简约幸福的生活方式该多好。我怦然心动：他们虽然以收购转卖谋生，但内心仍对这片生活的土地和人群怀着深深的眷恋。我，除了仅有的相机，几乎囊中空空，所能做的，就是拍摄记录，力求记录得准确、详细、生动，如此而已。悲夫。

燕郊山村

这是古村落之一燕京爨底下村。我和我的助手高萍正是从这里，开始了用镜头捡拾“老物件”的工程。

起因是画家于苏生和我带着油画箱到这个村子写生，住在一姓韩的农家旅店，称“古堡客栈”。正值夏秋，露天、老桌、木凳、贴饼子加片汤。吃着，望见棚架下垂挂着一盏马灯，一把浑黑的米勺，两支酒葫芦，还有断墙上偎着的大油篓，窗棂下斜着没有犁头的犁架。我碰到这些东西，好奇、惊讶、兴奋，脱口而出：“下次来，专门收拾它们。”

大约两个月之后，我邀请热心此事的高萍，携带着相机、三脚架，不但拍摄几代人使用过的生产工具和生活器物，也为这山村留下了几幅肖像。

055

山村的清晨

2002 年 1 月　燕京爨底下村

光，不一样了，景象就完全不一样了，尽管摄影者没有移动半步。离开了对光的敏锐感觉和判断，几乎无法做这件事。

056

清晨的山村

2002 年 1 月　燕京爨底下村

留住一小片山村的美丽吧，因为这美丽在所谓有特色的中国已不多见。美丽，这个词，上小学的时候听得最多，用得最多，不以为然；上了年纪，才发现这绝不是一个词，而是一个启示精神生命的天然和永远的老师。

057

老树与石房

2002年1月 燕京爨底下村

冬日，搜景取图，得筋骨刚劲，去喧闹浮华，正剖胸臆。

058

柴门石墙与树上鹊窝

2002年1月 燕京爨底下村

这不可或缺的田园景致。

059

炕桌

2002 年 1 月 燕京爨底下村

我们放弃了所有媚人的外貌。

060

没有人住的后山房

2002 年 1 月　燕京爨底下村

空无一物，只有光洒落下来，那洒落让我们惊喜得不知所措。空，多好啊；光，多好啊。

061

从后山房的门窗俯视民舍

2002 年 1 月　燕京爨底下村

高屋建瓴，得另一番心境。

062

后山房里支起的老窗

2002 年 1 月 燕京爨底下村

生活的速度在一定程度上指明了忘却的速度。缓慢其实很好。——昆德拉

063

小庙

2002 年 1 月　燕京爨底下村

颓圮中，自有勃勃生机的东西相伴，注目那两片残雪，一坡金光，还有满地的草。

064

堆放老物件的仓房

2002 年 1 月 燕京爨底下村

前两年，村里从各家各户征集了一些老的生活用品和废弃的零星农具，堆放在这里，像堆放破烂一样。我们好歹说通了村长，在一位村民的监护下，进行拍摄。在黑暗中挑选、搬弄，拂去老物件上的厚厚积尘，不时涌起莫名的忧思。

065

东篱、颓墙、黄草、老树和大雪

2002 年 1 月 燕京爨底下村

第五次走进这古村落，找到了这境地。之后，才似乎明白一点儿“第五次”的含义。

066

雪村

2002 年 1 月　燕京爨底下村

村边的老屋、围墙和石条山阶，由此而登南山。

驭牛饲马

067

极沉的铡刀

2005 年 6 月 浙江宁海大佳何镇

厚重的锻铁制件覆盖在整段坚实大木上，前沿后沿有铁箍扎牢、锔定；中间两列各十颗铁钉穿凿钉住，有槽置铡刀，刀两侧为铁框作垫，框上有竖起的排片，在铡压平铺的禾草时，不使禾草位移。铡刀前端有环孔，有大穿钉穿过结于大木上。刀，沉重锋利，木把儿也铁一样的结实黑泽，使用得很久了。尾部的大木，削凿成平展阔大的样子，这是有意而为，使铡刀在劳作时不易滚动。量铡身，宽 19 厘米，高 17 厘米，长 120 厘米。铡的本义，乃以长刀断草，使之寸寸而断，以饲骡马牛羊之器具。铡刀，一般长三四尺，可随意迁动，北方农家及牛马店多有备用。看！这家伙，干起活儿来多带劲儿啊。我少年时下乡，和同学们都争抢着干这铡草的活儿，过瘾，也帅气，那是因为平时在城里，我们使不出蕴藏在自己身上的那股野性和豪气。现在，我花甲之年了，面对着它，还是跃跃欲试。

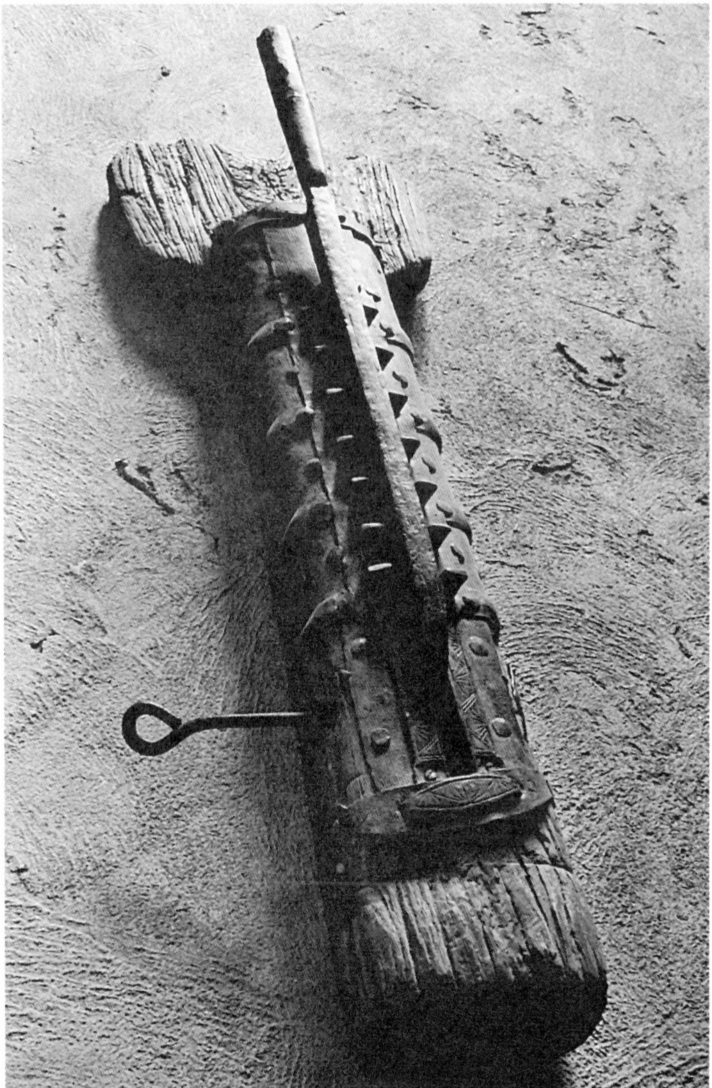

068

有铁锔的马鞍

2002 年 5 月 晋南丁村

木质。长 45 厘米，宽 30 厘米。“置马背上，便人乘骑之垫曰鞍。”马鞍以鞍形似桥，故可称鞍桥。 原马鞍的表里，均有毛毡棉毯软物所敷，以免乘骑时伤及人或马的骨骼肌肤。年久，所敷之物尽失。

069

马背架

2001 年 11 月　燕京爨底下村

放在马背上供驮重物的装置。背上该背的东西上路吧。人和马，其实在某种意义上，又很相似。

070

马镫

2002 年 5 月　晋南丁村

竹、木质。铁配件，长 15.5 厘米，高 16.5 厘米，镫底宽 6.5 厘米，厚 3 厘米。悬挂在马鞍两旁的皮带上，是骑马时踏脚的装置。丁村的一所老宅门，“苔痕上阶绿，草色入帘青”。在素白的书房结识了陶富海先生，正是他，参与创建了丁村文化陈列馆和民俗博物馆。作为朋友，他送上的“见面礼”就是这个马镫。一再嘱咐，这是前人手工精心制作，让我们从从容容地拍摄下来，纳入“物语三千”。

071

马镫

2002 年 5 月 晋南丁村

铁质。底长 15 厘米，宽 11.5 厘米，高 19 厘米。较早的马镫实物均为木蕊外包青铜片制成。马蹬，听说过，也似乎在什么电影或画面里见过，甚至直接见过的。但是，从来没有这样子的——像第一次睁开眼，像观察一件圣器，仔仔细细，认真端详，用尺比量，将它前前后后，上上下下，连同停在它身体的光影，留在它身体的斑痕，都一点不放过地看个够。不在于它是什么，而在于我们怎么读它。

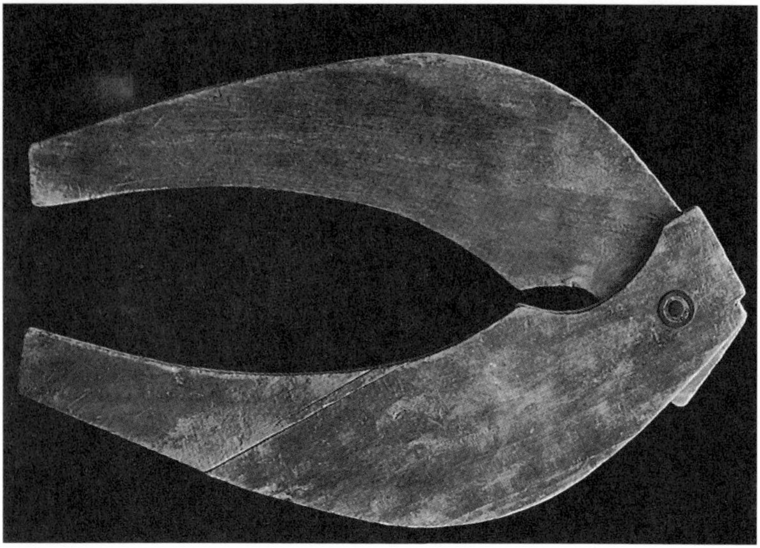

072

制作马鞍子的量具

2002 年 4 月 燕京爨底下村

木质。高 43 厘米。两个半弧形的厚木板，以固定点为轴，可张合转动，板凹曲部分正好卡住马背装鞍处，便于测量。固定的轴点，用清代铜钱做垫圈恰好。铜钱铸有满文。

073

木夹子

2001 年 11 月 燕京爨底下村

越劳动越爱劳动，越渴望劳动。绕过前院，后院早已荒芜，地砖的缝隙钻出一尺来长的荒草，四方的院子，格局依旧。静，静得竟能听到一丝风声。我们在檐下窗前，发现了这些老物件，也似乎打破了这宁静。于是请教老乡，问这问那，对它们稍加整理，留下了一幅幅物件的肖像。这木夹，是牲口推碾子的套件。

074

轭：役牛的套具

2002 年 4 月 燕京爨底下村

木质。长 45 厘米。轭体和绳孔被磨得圆浑润泽，似乎已是架在牛身上的一根骨头了。

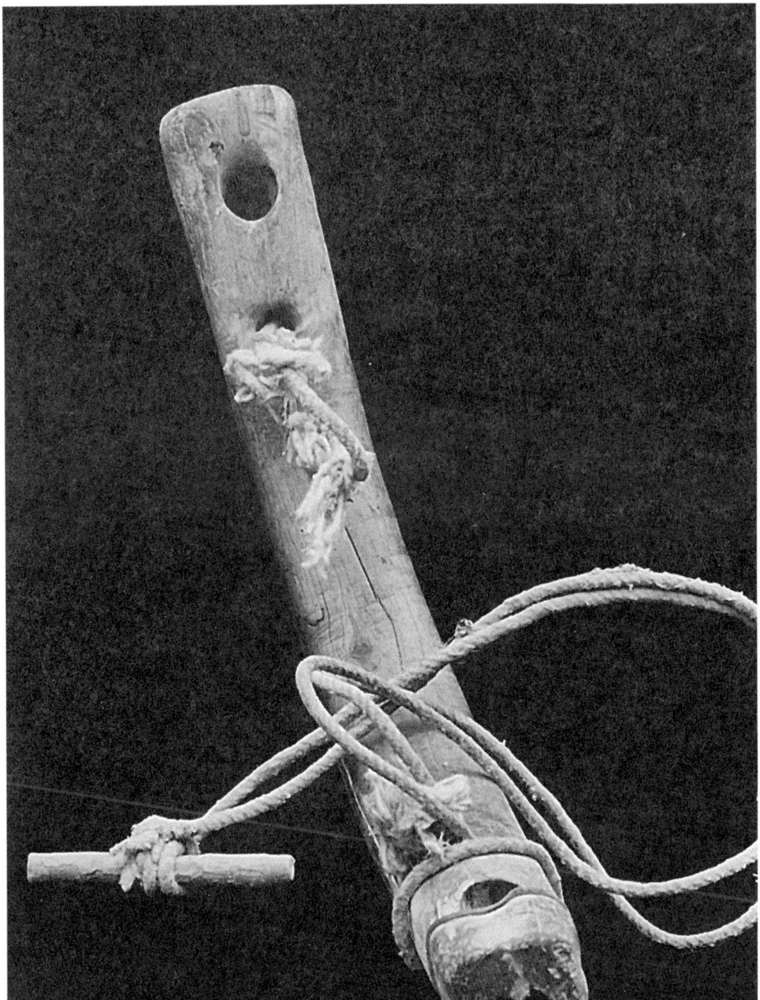

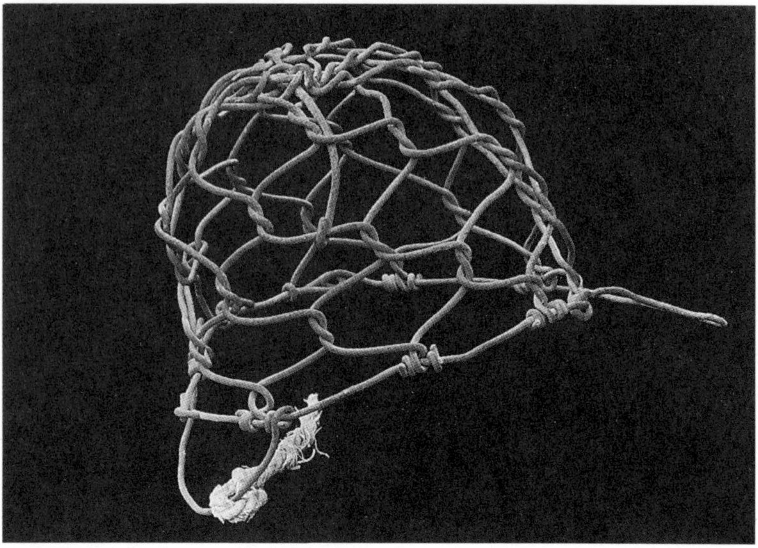

075

笼嘴

2002 年 4 月 燕京爨底下村

粗铁丝编制。半球形，直径 16 厘米，深 14 厘米。使用牲口时，戴在牲畜嘴上，使它不能乱吃东西的器物，多由铁丝、树条、竹篾等做成。

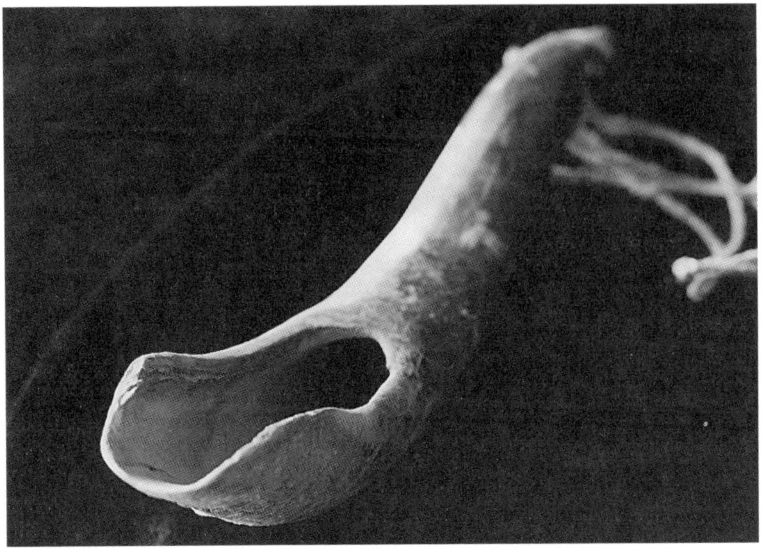

076

灌角

2002年2月 燕京斋堂镇柏峪村

给牲口喂药的用具。长23厘米，牛犄角加工而制。用动物的骨质犄角做成的日常工具或器物，古已有之，悠久得很。后来用铁做了，仍称灌角。除了材质的原因，那形状也颇像“角”啊。

077

柄端有环的灌角

2002 年 5 月 晋南丁村

给牲口灌药的器具，铁质。长 34 厘米，宽 2.6 厘米，环直径 4 厘米。成书公元六世纪的北魏《齐民要术》卷六，写有治牛、马、驴、骡诸病方法：“治马汗凌方（取美豉一升，好酒一升，夏着日中，冬则温热，浸豉使液，以手搦之，绞去滓，以汁灌口。汗出则愈矣）。”灌角之灌，由来已久。

078

石猱拴马柱

2002 年 5 月 晋南丁村

柱体，高 182 厘米，长 30 厘米，宽 15 厘米。拴孔，直径 9.6 厘米。石猱，高 39 厘米。据传，古代晋人为求治病危之马，到处寻找一种猱（猴）。后经猱以口对口的吭吸救助，使马脱险而愈。后人故将拴马柱上雕立石猱，称猱为“护马神”。

079

独木槽

2002 年 2 月　燕京斋堂镇柏峪村

牲口的饮水槽。长 230 厘米，宽 34 厘米，高 20 厘米。黄昏，见到有百多只山羊围着槽饮水，虽有先后争抢，但不失序。入夜，闲步到此，却见水槽被翻了个身，口朝下，底朝上了。这是怎么回事？噢，怕黑夜太冷，槽里结满冰，第二天羊没法喝了。我知道那是一种牧羊人对羊的体贴。由此想到“牧羊人”三字背后的亲切与依偎——人与羊 / 羊与人。

080

石槽

2001 年 11 月 燕京爨底下村

为世代经久沿用，把整块整块巨石凿成饮牲口的水槽，要花去多少工夫。仰慕石匠，仰慕他的志向，他的毅力，他的手艺，他的精血。这水槽就是他的记碑，不刻文字，不是竖着而是躺着的碑。

081

锅拍子（锅盖）

2002 年 2 月　燕京斋堂镇柏峪村

直径 80 厘米，高粱秆和树枝以铁丝编捆而成。锅内为豆渣团，是做豆腐剩的渣子，经熬后喂猪。

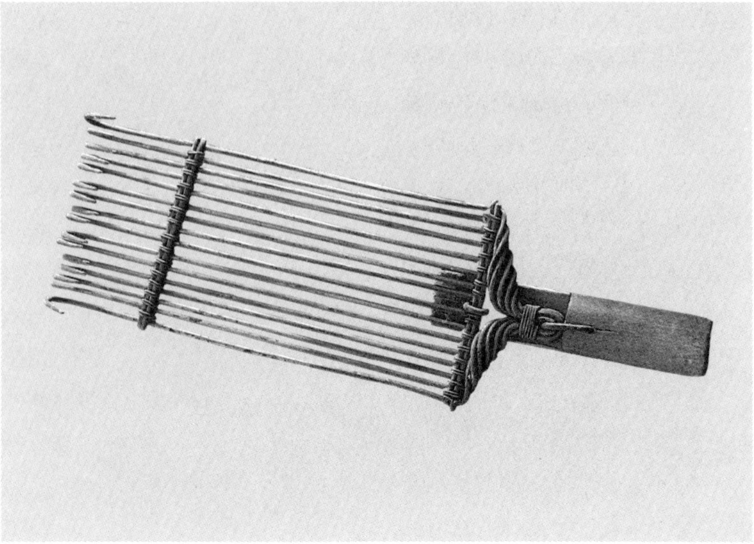

082

刮羊绒的器具

2002 年 2 月 燕京斋堂镇柏峪村

长 33 厘米，宽 10 厘米，木柄铁钩。在柏峪山村拍摄，从旧仓库里找出这个曾使用多年的器具，不以为然；尔后，又翻出用纯黑羊毛、白羊毛编织的网包，仍不以为然。过了两个月，当我们将几幅跟“羊”有关联的老器物摆在一起，一下子就推论出这村当年一定家家户户牧羊，“羊群如云”。这让人想到历史学家的名言：根据一个陶罐残片，就可以了解一个时代的兴衰。

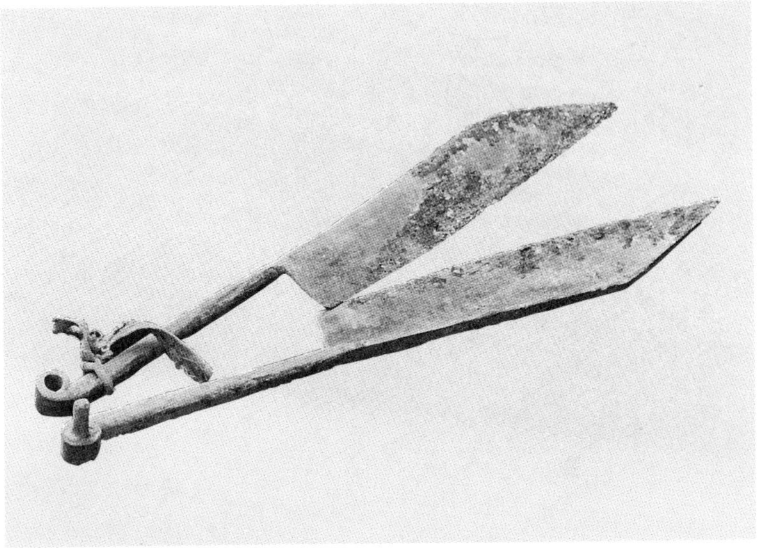

083

长锈的羊毛剪子

2002 年 4 月 燕京斋堂镇柏峪村

铁质。长 27.5 厘米。剪子，系两把刀，使用组合、拆卸极方便。

084

网包

2002年2月 燕京斋堂镇柏峪村

长65厘米，宽44厘米，由纯黑羊毛织成网包，纯白羊毛织成网绳。这张照片与前一页的照片“刮羊绒的器具”合在一起，演出了这个古村落的一幕《羊群如云》的小歌剧。

085

两个鸡笼

2003 年 1 月　四川阆中

大者，上有竹盖，有卵石压重。

086

采菱人或牧鸭人的小舟

2005 年 5 月 浙江慈溪天元镇

从来没有看到过如此小的小舟！它长 97 厘米，宽 39 厘米，高 20 厘米。只能站一个人，连坐都坐不下，这是干什么的呀？像是小孩子的发问。收购于江南，自己也是江南人的收购者说："采菱、牧鸭是常用这个的。"江浙地区多河湖，水网稠密，稻田菏泽，或立舟执杆牧鸭觅食戏水，或下水于泥沼采菱，将菱角采好放在浮舟上，舟随人走，菱满人归。菱，草本植物，叶浮水上，白花，果实沉泥中，称菱角。《本草纲目》："三角四角者为芰，二角者为菱。"其色嫩青老黄，嫩时剥食甘美，老则蒸食之。王维《山居即事》一诗有句："渡头烟火起，处处采菱归。"白居易《看采菱》有句："菱池如镜净无波，白点花稀青角多。"那是怎样朴素优美的人与自然啊。现在，一些大人小孩没见过菱池，认不出菱角，也不曾尝过它的甘美，水、泥都污染了，不再能种菱。

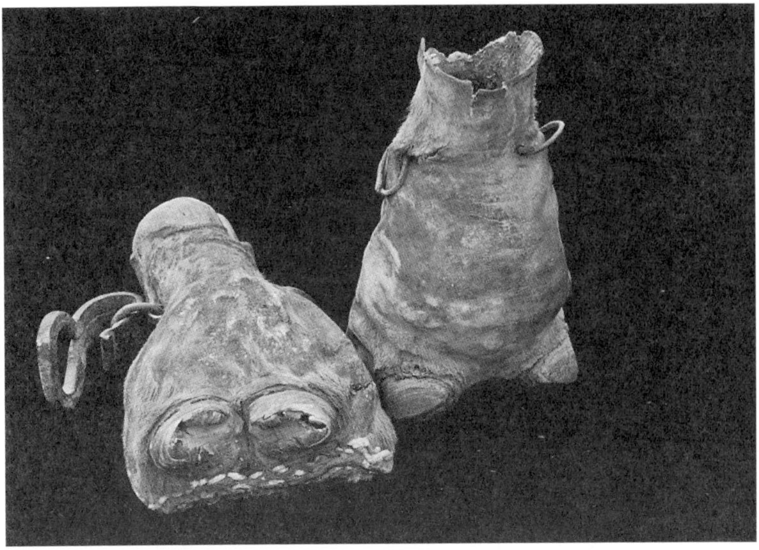

087

别卡子的火药壶

2002 年 4 月 燕京爨底下村

左壶，高 11.5 厘米，底 4.5 厘米 ×2.5 厘米。右壶，高 13 厘米，底 6.5 厘米 ×4 厘米。用牛蹄子风干捣空制成，配木塞，加铁质别卡子，打猎时装火药散弹用。已经不是第一次拍这由牛蹄子制成的火药壶了。可见，别着这种火药壶在山中打猎的年代与原始社会的狩猎年代，虽漫远，但仍有着相应的回响，生态环境仍有着许多相似之处。后来，就我们知道的，无疑，情况发生了根本性的变化，野生动物趋于灭绝，人类呢，似乎也缺少了先人狩猎的猛勇和体魄，萎弱得大腹便便，疾病缠身。人在征服自然、征服动物的过程中，也征服了自己——异化了人类自己。

088

竹篾编制的鱼篓

2003 年 1 月　四川阆中

捕鱼和盛鱼所用的器具。口大、颈细而底深，口颈部又有一锥形篾罩，鱼易进，不易出。这个篓，高 20 厘米，底长 24 厘米，宽 10 厘米，肚宽 31 厘米，口径 12.5 厘米。“渔”字，甲骨文就有三种记法，金文、石文亦有，可见渔事是人类最早的一项生活要事，罗振玉、王国维解释“渔”：“作手持丝形。”《说文》：“渔，捕鱼也。从鱼从水。”

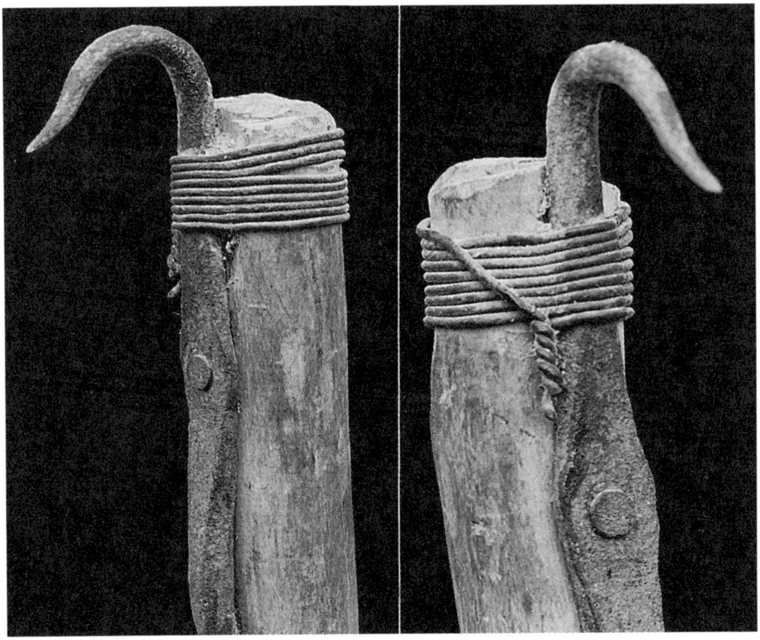

089

钩獾的挠

2002 年 2 月 燕京斋堂镇柏峪村

钩长 14 厘米，木棍长 124 厘米。乡人说，将挠探入獾洞逗引其咬钩，拉出洞。獾，在这山村几近绝迹，那挠钩藏于房角久之。我们拍摄时，擦了擦钩头。

凿井而饮

090

辘轳和方口水井

2001 年 11 月 燕京爨底下村

全村现存唯一还有水的井。其他井，枯了。这口井，井口 60 厘米 ×60 厘米。辘轳直径 24 厘米，长 46 厘米。
我又想到了那些“枯”了的井，近百年来，人们似乎放弃了伺天候地的温柔感情，心，先枯了，而后，井也渐渐枯了。

091

甬道中残存的石水槽

2003 年 1 月　四川理县桃坪

高 37 厘米，宽 43 厘米，外长 80 厘米，内长 50 厘米，槽壁沿厚 6.5 厘米。大约，我们能从这一段石水槽，想象先人，用了怎样的心，用了怎样的力，用了怎样的时日，才完成了贯通这么远的饮水石渠。那恒定的精神不正给了我们今天的光照吗？今天缺少的也许正是那个“恒定”。

092

“凿井而饮，耕田而食，帝力于我何有哉”

2005 年 6 月 浙江宁海前童村

在前童古村走走停停两个多小时，就撞见了五六口古井。井口是用坚实沉重的石板围砌，板的厚度竟有 12 厘米，还用了榫卯相接的工艺，咬合成经年不毁的一体。先人干事情干得彻底，不光自己一代使用了事，还想着后人获益。凿井而饮，花了大力气；就连构筑井台、井口也绝不放松。井，掘地汲水之穴曰井，相传黄帝所作，又说伯益所作。“井，改邑不改井。”(《周易 · 井》)“方里而井，井九百亩。”(《孟子 · 滕文公》)。看井旁的两石槽，也是整块大石雕凿而成。其一，可能是古石渠弯道的一部分，什么时候两端堵上了石板，成了石槽。槽，用来盛放牲畜之食之饮的器具，“三马同食一槽”(《晋书 · 宣帝纪》)。碾茶碾药使之碎之凹形器也称槽，“茶槽药臼杵声中”(范成大《立春》)。看，这井，这石槽，有着与人多么亲切的关联啊。

093

巷陌的开阔拐角

2005 年 6 月 浙江宁海前童村

惊叹，惊叹石井低低平台的沿边，竟是两块有雕刻文字的石门楣！什么时候，因为什么，由谁把它们从门额上凿下来而弃在巷陌的拐角，变成石井的垫脚石？我们想有所辨识，但已十分困难了，几十年在地上被踩磨，会比嵌在墙上被自然剥蚀要厉害得多啊。看近处的墙，石垒而成，每块石都是斑斑驳驳；看远处的墙，本来是白色的，现今，竟也都是斑斑驳驳，看更远处的院落瓦顶，照旧，仍是斑斑驳驳。地面的路，卵石铺的，大石砌的，水泥抹的，露出土的，以及散落的草禾，冒出的绿叶，汪汪的渍水……还是斑斑驳驳。斑驳——什么都存在着，什么都互相作用着，什么都留下了自己的痕迹，这就是世界的真实，也是我们内心的真实。

094

淘水用的舀桶

2005 年 5 月 浙江慈溪天元镇

从古村落收集的舀桶，木质。近者，铁皮包沿口，中、下部亦以铁条箍之；远者，粗铁条箍桶，久用，一条已失。舀桶左右各有冒出桶沿桶底的长大木，两端配置穿鼻大铁环。何如此做得这样牢固、坚实、耐磨、耐拉？何如此做出这不能自立于地面的形状？原来，它是横其身舀水的，凡灌溉、淘水制盐、涸水捞鱼等必用此器。舀水，须二人合作，桶横于中，人立两侧，以粗绳各系住舀桶两铁环，横拉绷紧，活动双臂，将桶坠于水，舀起，将堤这边的水淘到堤那边，或浇灌庄稼，或舀海水晒盐，或干涸池水取鱼……1970 年在天津东郊的芦苇荡农场，我和我大学同学干过这活儿，两人舀桶，得有些巧劲，配合默契，再得有把子力气才行，半天下来，腰和手臂很累很累了，但也有趣。查“舀”字：“此一处淘挹而灌注到彼一处曰舀。”

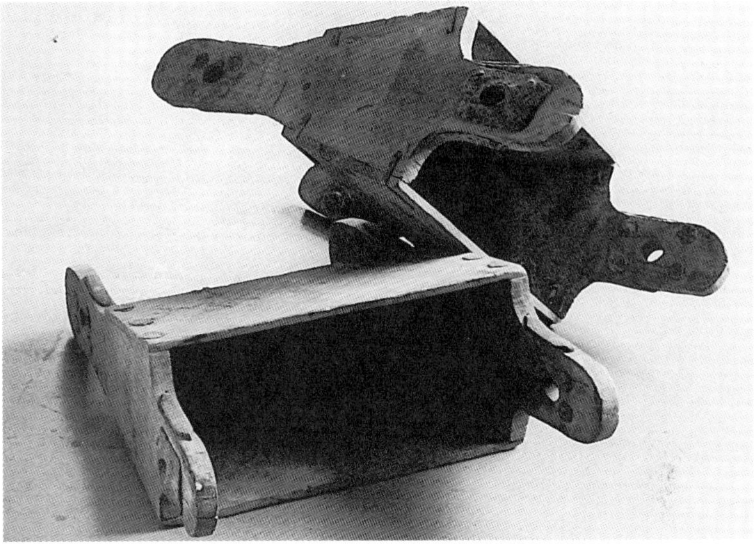

095

水车上失落的两个链斗

2005 年 5 月 浙江慈溪天元镇

木质。斗深 17 厘米，长 36 厘米，斗链合长 54 厘米。用木厚实，关结处皆以铁片、铜钉嵌之。猛一见，不识；再见，依斗、依链眼想到了它的整体，认出它是水车上的两个链斗。水车，农田灌溉以用，人或畜力使车链转动，从彼处提水注于此处。这比左图那两人合曳的舀桶省力，而近现代的电动抽水机又比这水车省力。但省力又为了什么呢？省力省到什么度是最好的省呢？当我们看到生态污染、水源干涸、人畜体弱多病的怪现状之后，恐怕渐渐会生出一个对“省力”的“自省力”。

096

扁担（局部）

2001 年 11 月 燕赵古村落

生生是用手攥的，用手抚的，攥出和抚出了闪烁的油渍，那是人在劳动中释放出的油渍。油渍？在诗人的眼里，闪烁的绝对是生命的光辉。扁担？在画家的笔下，竖直竖框的扁担，绝对是挑水汉子（或妇女）的一幅肖像。

097

柳条编织的汲水器

2005 年 5 月　浙江慈溪天元镇

器，如头盔，柳条丝麻编织，以宽竹木条烘弯、包紧沿口，用铁条、铁钉穿凿加固，配横木上一铁环，供井台汲水者系绳而降井汲水。编制柳艺的柳条是怎么来的？秋天叶落后，把它们收割起来，系成一捆一捆立于田圃，经一冬，春来，再把它们两三根一组地插在地里，不久会出根发芽。这时，树液开始活跃地穿行于皮、茎之间，此时剥皮是很容易的。将剥了皮的柳茎放入清水洗去附着的黏液，在荫凉处风干，干透才行。等过了伏天，就可以拿来编制器物了。还有一点知识，柳条遇水膨胀，所以由它编制的东西不漏水，以它作汲水器，再好不过。你注意到这个汲水器横木上还拴着块石头么？那是让器不平衡，斜着触及井水，稍一摇晃，水便灌入，再沉入，即注满，提将出井。凡是亲自在井边汲水的人都有这个经验。

098

两只吊水桶

2005 年 5 月 浙江慈溪天元镇

有个谜语（打一物）:“一根横档在当中，一根尾巴通天宫。上头一记松，下头扑隆通，提拎起来满腾腾。”是什么？那还用说！右桶，高 25 厘米，口直径 27 厘米；左桶，高 21 厘米，口直径 28 厘米。你不可小看这桶——工匠在箍桶前早有细算，特别准备了两块粗重厚实的木材以区别其他作桶围的木材。那两块干什么？在它们身上雕凿打榫，让横档两端分别插入榫眼，核准严实，加上其他壁材，再以铁箍箍之。如此，桶牢，横档牢，浑然一体。这箍桶匠如此做法，是工匠与汲水者（干活儿的庄稼人）的商量约定，约定那器具必须符合某些要求，当然最重要的是牢实耐用。从两只吊水桶，已可想见农耕时代器具生产者与使用者之间的密切关系。现在，我们使用器具，你还能见着生产器具的人吗？

099

水桶，石臼

2001 年 11 月 燕赵古村落

看到木桶的背带吗？一位女性梳头晨妆，将脱落的几缕长发有心留下来，殊不知这是在她什么年龄和哪个清晨开始做起的。十年如一日的积攒，尔后，编成了结结实实、宽宽厚厚、经年不毁的背带，系在了木桶上。背水拾阶，手攥着它，摸着它。拨动心弦的女性，是要给谁留个念想儿？我真想知道啊。

100

廊柱旁打过锔子的水缸

2005年5月 浙江慈溪

缸，缸瓦质。高84厘米，径110厘米。由竹篾和阔叶编成盖，盖之，以保贮水的清洁。这缸，在慈溪鸣鹤镇的一个老宅院里摆放着，使用着。慈溪，春秋时属越，秦代设县，古称“句章”，至唐开元二十六年（公元738年）始称慈溪。现市境为原慈溪、余姚、镇海三县的北部组成，俗称“三北”。鸣鹤镇为一老镇。

101

酒缸、盖子和老碗

2001 年 11 月　燕赵古村落

坐唊自若。把盖子向左后稍稍移了三分，将老碗向右稍稍挪过两寸，它们的神情，庄静、沉朴中露出活泼。窗外的花荫凉跑来助兴，老物件们都笑了。一切让人心满意足。此时，我幸运地按下了相机的快门。

102

巴巴寺的缸

2003 年 1 月　四川阆中

缸，瓦质釉面，硕大、简括、久远。外围凸起的纹饰，以线条勾勒的荷蓬，构思奇逸，不拘于形，流畅随意，物象几近难辨。缸，坐落墓殿前庭院，何用？储水防火？植荷养藕？或二者兼而有之？似乎还没有答案，但以为已经有了答案。站在巨缸所在地位置，可望牌楼悬挂一匾，书有“仰止”二字。

乡下柏峪

燕赵古村落之二，门头沟里的柏峪村。

村委会以几块钱、十几块钱的价格，收集了不少村里村外的老物件，存放在一座二层木楼的一间大屋，没有任何顺序。这毕竟为我们的探寻提供了极大的方便，但原汁原味的“环境感”不见了，也是一种遗憾。

工作间歇，我们在峪坡爬上爬下，领略它的音容笑貌，“入画的”，正在渐渐逝去。

103

山村晨醒

2002 年 2 月 燕京斋堂镇柏峪村

出村再往北走，越走越高，越走越窄，越走越冷，可以走上叫做黄草梁的梁上。车子是上不去的。乡村生活正因为闭塞，但却可以让人们专注和长久地认识生活，认识自然。城市，对于人类来说还算年轻；乡村，那与人类起始更接近的乡村，才是所有人——每个人的天然的老家。

104

柏峪村到燕京爨底下村的路上

2002年2月 燕京斋堂镇柏峪村

清晨，我们的车子从大山背面刚转过来，唰——太阳宛如一把刷子将耀眼的金色刷在了层林芜草上，刷在了一切朝着它的面上。“可以停下来拍拍吗？路窄停车不方便吧，”“这正是我们工作的时候。”结果，有了现在对这幅画的审视。我们一直怀着挚爱，感激结伴同行的油画家于苏生，他给予的体贴和关照，不只是生活，更重要的是艺术。

105

石垒的羊圈

2002 年 2 月 燕京斋堂镇柏峪村

我们同油画家于苏生一起，徜徉于这曲曲折折、高高低低的老屋老巷，用绘画和摄影语言与它们交流，渐渐接近和理解它们，完成一种自己独有的阅读。许多老屋已颓废、倒坍并在拆除中。也许，下次再来，它们已不存在了。不存在，不能一定判作“可惜”；只是新盖起的新屋，无论怎么说都不如它们“美”，尽管可能在其他所有方面都比它们“好”——随着老屋的消逝。美，也跟着消逝了。我们所说的美，又不是一般意义上的美。只有我们自己知道我们所认定的美。

106

依山的石阶和老屋

2002 年 2 月 燕京斋堂镇柏峪村

村里人每天爬上爬下的就是这石阶。大概是年代久了，爬得久了，有坡的石阶渐渐只有坡，没有了明显的阶，成了依山堆放的乱条石。垃圾和废弃的塑料袋，醒目、刺目、惨白，损伤着坡的灰色朴洁。我们捡走了明面的弃物，镜头尽量躲避着“损伤”，拍下了依山的石阶和毅然峻立的老屋。没有管理，如同虚设；没有凝聚，一盘散沙。

107

远眺山村

2002年2月 燕京斋堂镇柏峪村

由石头垒起的山村。

108

有“十字架”的村庄

2002 年 2 月 燕京斋堂镇柏峪村

远看十字架，近看电线杆，电线杆的结构，不就是十字架吗？在画面上，我们更希望它是十字架，或者说更想将它认作十字架。也许，一个事物像其他一个事物，又像其他很多事物……那界限不分明了，这反倒增加了这一事物的涵义，有了喻义，有了象征，有了让我们反复沉思的东西。

109

树干翻虬的老核桃树

2002 年 2 月 燕京斋堂镇柏峪村

法国著名社会学家皮埃尔 · 布尔迪厄因患癌症于 2002 年在巴黎圣安东尼医院逝世，终年七十一岁。他曾留下这样箴言：“年纪越大，就越想做出格的事，以后我要超越自己给自己规定的禁忌。”这老树，很像皮埃尔 · 布尔迪厄；皮埃尔 · 布尔迪厄也十分像这老树。我们倾慕他俩，倾慕这抖动枝条的飞翔。

床前屋后

110

有抽屉的木枕

2002 年 5 月　晋南丁村

枕长 28 厘米，宽 11 厘米，高 24 厘米。屉长 26 厘米，宽 8 厘米，高 4.5 厘米。可放些贵重之物，保管妥帖，现在是大人小孩随意而坐的板凳，置院中。昔日睡卧的枕头，今天成了屁股下的小凳，彼时精美的物件，此时像是一段木桩。

111

枕头

2001年11月 燕京爨底下村

枕头两端，是十几块碎花布头拼缝而成，细看那花色，那针线，那对称的图形，在清贫的背后竟是极认真的生活态度。

112

皮枕

2005 年 6 月 浙江宁海大佳何镇

皮革质。枕之，柔软如肤。皮革，是用牛、羊、猪等的皮去毛后，制成的熟皮，可做皮鞋、皮包、皮衣、皮枕等。严格讲，“有毛为皮，去毛为革”。现在用字不那么讲究了。关于枕呢？人卧时垫头之具称枕，俗名枕头。枕字，古代多截木为之，故从木，又以人得枕易沉沉入睡，故从沉声。我们见过不同材质制成的枕，如木枕、瓷枕、竹枕、布枕……其枕套中间的囊状填充物，可装木棉、蒲绒、荞麦皮、茶叶、蚕沙，甚或一些中草药之类。人对枕的感觉，很不一样，您仔细看过十几年来伴您入睡的那只枕头一眼吗？您又仔细看过十几年来伴您入睡的那位妻子（或丈夫）一眼吗？这让我想起两句诗：“为君留下相思枕。”（李白《捣衣篇》）“结发同枕席，黄泉共为友。”（《焦仲卿妻》）那时候，人与人，人与物，是怎样的一种亲密和留恋啊。

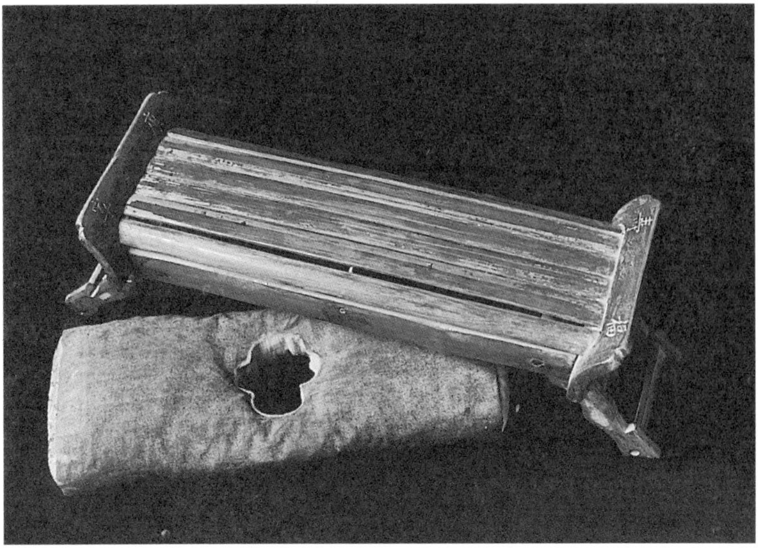

113

有竹架的耳枕

2002 年 5 月 晋南丁村

枕，棉布质。长 34 厘米，宽 13 厘米，厚 5.5 厘米。竹制枕架，长 39.5 厘米，宽 12.5 厘米，高 14 厘米。两端刻有“福寿宁康”字样。可折叠，以调整枕的高度。耳枕中间的十字花形的空洞，特为佩戴耳环的妇女而设置，睡眠侧卧，将耳、环放入其内，以免硌伤耳朵。

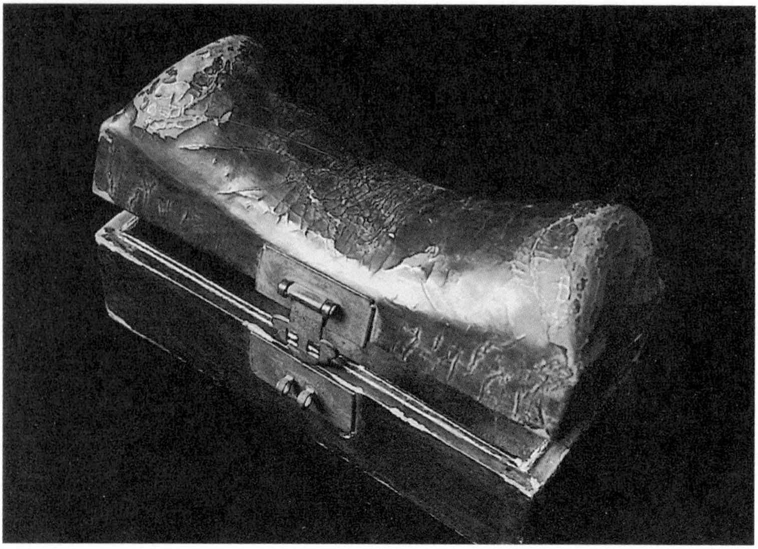

114

枕头箱

2002 年 5 月　晋南丁村

木质，外包皮革，配铜钉锔。箱中收藏首饰、契约等贵重物品，置于卧房，枕于头下，故被讥称“守财枕”。枕，长 31 厘米，宽 12 厘米，高 18 厘米，凹处 12 厘米。

115

两个篦子

2002 年 4 月 燕京爨底下村

长 11.4 厘米，宽 6 厘米。用竹子制成的梳理头发的用具，中间有梁儿，两侧有密齿。此外，还有木篦、牛角篦、象牙篦等，但以竹篦为多。图右的篦梁印有："常州马山埠 82 号耀记华昌篦梁工场制。"常州，中国篦梳著名产地。

116

三把扫帚

2002 年 5 月　晋南丁村

左者：高 107 厘米。右者：高 138 厘米，扫帚苗（植物）绑制而成。中者：高 127 厘米，细竹枝绑制而成。它源于自然，又殁于自然；人以自己的智慧曾赐予或增加了它的另一形态，另一功能，另一意义，和它交了一段时间的朋友，就又友好地分开了，都各自归宿于自然草泽与地泥之中，没有留下任何污染。这其中没有创造吗？有的！那是一种更为苛刻、更为挑剔、更为维系整体的生态自然和谐的创造。不知怎的，我们意识到了一种似乎可以叫做“有限创造”的东西，而对不能自控的泛滥般的“疯狂创造”表示了怀疑。这是朦胧中诞生的思想，含着矛盾、复杂、忧虑的成分——人类伟大的创造难道有界限吗？！

117

拂尘

2002 年 1 月 燕京爨底下村

马尾长 58 厘米，竹柄长 45 厘米，用来掸尘土和驱赶蚊蝇。

118

把儿上有雕纹的布掸子

2002 年 5 月　晋南丁村

掸子把儿为核桃木。左长 26 厘米，右长 34 厘米。这是将桌椅、衣服上的尘土拂去的器具。这里，老住户、老房子、老隔板、老雕刻、老掸子……还在住着，还在用着。我仿佛在梦中，梦到的却是一番问答："什么叫生活的质量？生活的情趣？生活的讲究？生活的细腻？生活的爱意？""你睁开眼，看看就知道了。"

睁开双眼，直白的，清素、安静又干净的生活，如此生动。

119

老凳上的两支被拍

2005 年 5 月 浙江慈溪鸣鹤镇

藤质。总长 70 厘米，拍打被褥衣服之尘所用。主人称，持有此物已百年之久。老屋的地面竟是木板所铺，出乎所料。我们拍完，已迈出门槛，主人索要拍摄费，出口“贰拾圆”。陪同我们的育才学校的老校长，倒也慷慨，交上一百元，并将其中一“被拍”作了收藏，了却此尴尬局面。我很难过，知道自己是最无能的人。

120

挂架子

2002 年 1 月　燕京爨底下村

树枝截取。大自然给予人的恩惠，乡民真是用自己的眼睛都看到了，想到了，都一点不剩地承领了。什么是发现神迹，这就是。

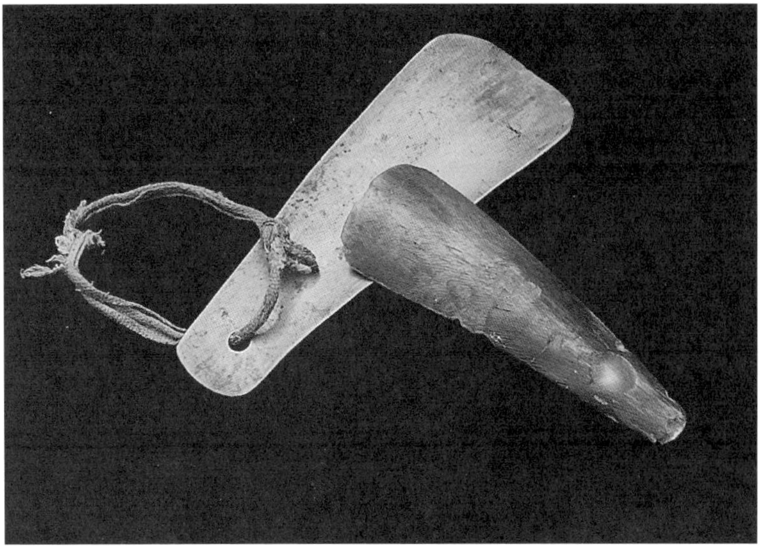

121

搭成人字形的两个鞋拔子

2002 年 4 月 燕京爨底下村

黄铜质。长 13 厘米，宽 4.5 厘米，上端有孔，穿有寸带。牛角质，长 10 厘米，宽 3.5 厘米，上端有凹陷的圆坑，便于使用。

122

洗衣杵，靠立老门

2005 年 6 月 浙江宁海前桶村

杵，长 47 厘米，宽 6 厘米，厚 2.5 厘米。整块硬木顺势削凿而成，自然微曲，有木疤处略凸一点，手把攥起来，十分舒帖。捣衣的木槌曰杵。“秋山响砧杵。”（储光羲《田家杂兴》）是啊，从前在流水桥头，小溪岸边，女人们在石砧上用这样的洗衣杵敲打着湿漉漉的、家中老小更换下来的衣物，时不时，再掺放些皂荚（也称荚角吧）。她们一边干活儿，一边拉着东家西家的闲话，倾吐着心中不肯向自己男人说或男人们不屑一顾的那些秘密……叽叽喳喳，爽爽朗朗，和着砧杵的捣衣声，回响在秋色的山村。真是一幅风景啊！就从这个自自然然的洗衣杵，我们已听见了、看见了故去的优美的村镇生活。温故知新，知新更能温故，在对比的审美中，学会了珍惜。

123

铜盆，棒槌

2001 年 11 月 燕赵古村落

一块铜板，经由铜匠以一把小锤，在叮叮当当的劳作中，敲打成如此一个浑圆大器。我想到了那位铜匠师傅的粗布围裙和套袖，那副眼镜，那镜片后面眯起的眼睛；那不时滴下的汗水；那长着厚茧又十分灵巧的手；还有那些摆在地上干活的家什……

124

炕笤帚

2001 年 11 月 燕京爨底下村

这个世界展现出无穷无尽的丰富性，我们似乎感到自己已经与一种对所有生命的爱融为一体，没有主要和次要，没有恢弘和细碎。

125

三个年老的洗衣板

2005 年 5 月 浙江慈溪天元镇

木质。左、中者，长 45 厘米，宽 16 厘米，厚 1.7 厘米。右者，长 44 厘米，宽 12 厘米，厚 1.6 厘米。洗衣板正反两面皆有横向凹槽，搓衣方便，也称搓板。板，已磨损不见棱角。它是被什么磨损成如此模样？让我们想象和洗衣板一起生活过的母亲们、妻子们乃至我们自己用板洗衣时的状貌吧——板的一端是卡在水盆、水槽，另一端呢？是卡在我们身体的腹部，顶住这搓板，不让它移动，然后执衣、浸水、打肥皂。腰、肩膀和双手使劲，一俯一仰，一前一后，细细用力搓之，时不时再撩些水，搓到以为基本干净。再换清水，涮几回，一直到衣物内外洁净清亮为止。洗衣板和衣物、肌肤相互磨损着。我看到了年老的母亲们、妻子们乃至我们自己腰弯了、臂枯了、手上头上皱纹条条，洗衣板与洗衣人相互映照，彼此都成了镜子。

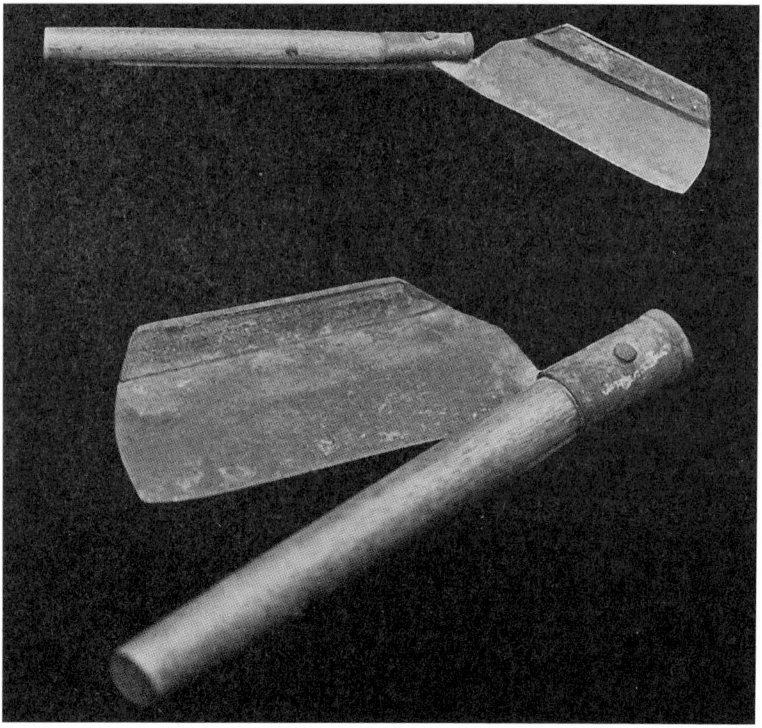

126

可折合的剃须刀儿

2002年4月 燕京爨底下村

折合，刀不用的时候存藏在把儿的木槽内，缩小了整个剃须刀的长度，便于携带，也保护了锋利的刀刃。

127

四层的化妆套盒

2003 年 1 月　四川阆中

瓷质。绘有石榴、蝙蝠图案，寓意多子多福。该物件一般多为女子出嫁所携嫁妆（总高 11 厘米，径 8.7 厘米），放女子粉饰化妆之物。唐代诗人杨基不就有诗，“薄施朱粉妆偏媚，倒插花枝态更浓”。其实，天生丽质，何须朱粉？后养气质，何须装饰？

128

梳妆镜匣

2005 年 6 月 浙江宁海大佳何镇

镜匣，梳妆整容理发，增饰华美的用具。修饰而成的模样为妆。镜匣正面，精工细雕，皆缠枝卷叶、众芳吐香的纹样。匣有三个小抽屉，内装首饰、篦梳、胭脂、膏粉一类的物品。梳落的头发，是不能随意乱放的，是放在竹丝编织的发箩中，发箩形状像一个小小的鱼篓，挂在梳妆台的上方。这个梳妆镜匣有了年岁，镜架破损而失，抽屉上的铜拉手——小秋叶也只剩下一个了。匣，边角缺损，漆皮脱落，这些，正折射出日精月华的光亮来。遥想当初，“妆罢低声问夫婿，画眉深浅入时无”（朱庆馀《近试上张水部》），“云鬓乱，晚妆残，带恨眉儿远岫攒”。（李煜《捣练子》词）。现在，美容美发化妆风靡，但，还有作诗填词的兴味吗？

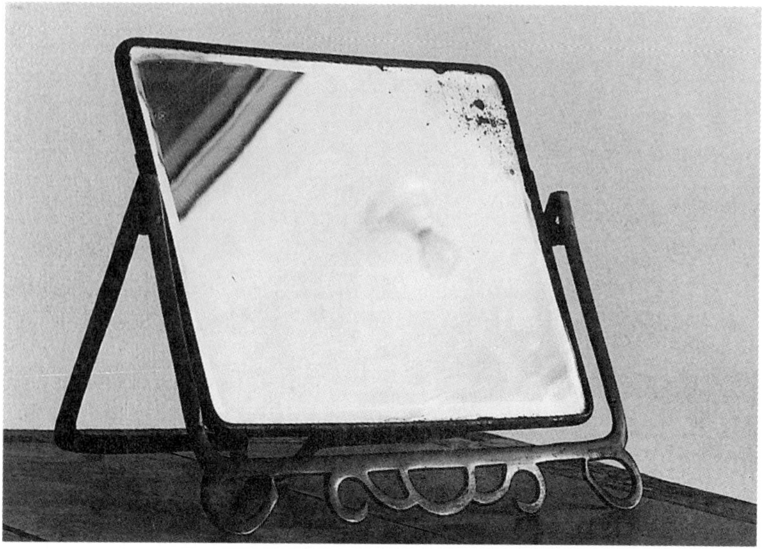

129

铁架方镜

2003 年 2 月　北京丁家

照形取景之具曰镜，古以铜为镜，今以玻璃涂汞齐（如锡汞齐、银汞齐）制成。此镜背面有印文 :“天津生记制镜厂出品　西南城角一纬路福德里四号。”镜总高 19 厘米，长 20.5 厘米，厚 0.6 厘米。

130

三个古铜镜

2003 年 1 月　四川阆中

收藏人推测，系汉宋之间的物件。有飞鸟和回形纹者，图案乃汉代所盛行（径 20 厘米，厚 1.8 厘米）。另外，特别让我们心动的是上面铸记着炼铜打制这器物的工匠——他的家乡和姓氏。终于能穿透千年的时光涵洞，露出当时劳动者的一些直白不误的记录，多么难得！铸文一：“湖州石家八叔炼铜照子。”（径 11 厘米，厚 0.2 厘米）铸文二：“湖州真石家二叔照子。”它证实，古代湖州曾是铜（镜）照的名产地，石家则是铸铜制镜的工匠作坊，姓石，祖辈传承此业。石家前加“真”，以防假冒其名号。镜，“人皆知说镜之明己也”。（《吕氏春秋》）

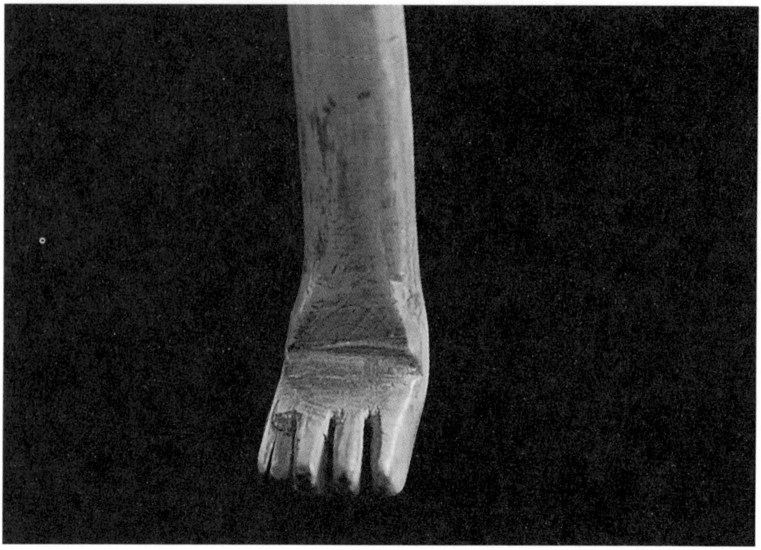

131

老头乐（局部）

2002 年 2 月 燕京斋堂镇柏峪村

又称痒痒挠、孝顺挠。长 56 厘米，宽 2 厘米，自然树枝截取稍加锯锉而成。大约是与肌肤亲热久了，那木挠似乎已变成了肌肤，又像手，又像脚。我们就认定它是人的骨肉来拍摄吧。

132

青花夜壶

2003 年 1 月　四川阆中

先说“夜”，本义作“舍也，天下休舍”解（《说文解字》），是说天下人至此时都应当休息。当我们见到这老物件，称“夜壶”，会联想到更多与夜有关的词，如夜市、夜场、夜车、夜莺、夜色、夜行、夜泊、夜哭、夜纺、夜饭、夜战、夜归、夜读……词的涌出是人与事的涌出，我们经历过一个多么广瀚活跃的夜世界呀。 壶，那么好，夜，那么好，生命——本真、难忘，剥去白日伪装、真实地生活着。此壶，夜间男性溺器，高 18.5 厘米，肚径 20 厘米，底径 15.8 厘米；嘴外径 8 厘米，内径 5.8 厘米，颈长 5 厘米。

133

土陶的夜壶（局部）

2003 年 1 月　四川阆中

在六十六中和人大附中上学，每学期有社会劳动科目，或勤工，或学农，后者就是到附近公社帮忙干点儿简单的农活儿，收白菜、摘杏子、割麦、掰棒子之类，分住老乡家。夜，有动静，蒙眬间，土炕上老大爷侧转卧身而发出细微泉声，过会儿，大爷声息全无，安然入睡。第二天，我在茅厕土窗见一伟壶，以为古陶，好奇，拿来把玩，竟闻尿臊气，恍然明了，大爷夜间小便的高妙，正在壶也。四十年过去，今见这类陶壶，兴致不减，更有呵护体贴之意，逐欣然记下。

134

夜壶

2002 年 1 月　燕京爨底下村

要真实。提手坏了，乡人用铁丝网住壶身，在原来提手的地方多缠了几道铁丝，成了提手，照旧用，又用了好多年。我把乡人穿的带皮包头的布鞋一并放上，傍着这壶，好好给您介绍介绍我所结识的这位乡人。

135

一大一小的夜壶

2005 年 5 月　浙江慈溪天元镇

大者，高 17 厘米，底长 21 厘米，口直径 7.5 厘米。小者，高 12 厘米，底长 15 厘米，口直径 6 厘米。我们觉得那匠人怪有意思，原本是用来尿尿的东西，他也美化一番，竟弄成茶壶的盖子——提梁是交合缠绕而拱弯的藤条，下面有微起的小台，仿佛就是壶的样子，放在屋里，不知道，真以为那是茶壶哩！我将这两只夜壶组合，左摆右摆，弄前弄后，成了这样子。主人看我如此挚爱这些老物件，说送一只给你带走吧，无功不受禄，我还是不敢接受。辞谢了他们的好意，非常感激、又非常满意地将那一大一小夜壶的生动形象留在了镜头里，胶片上。

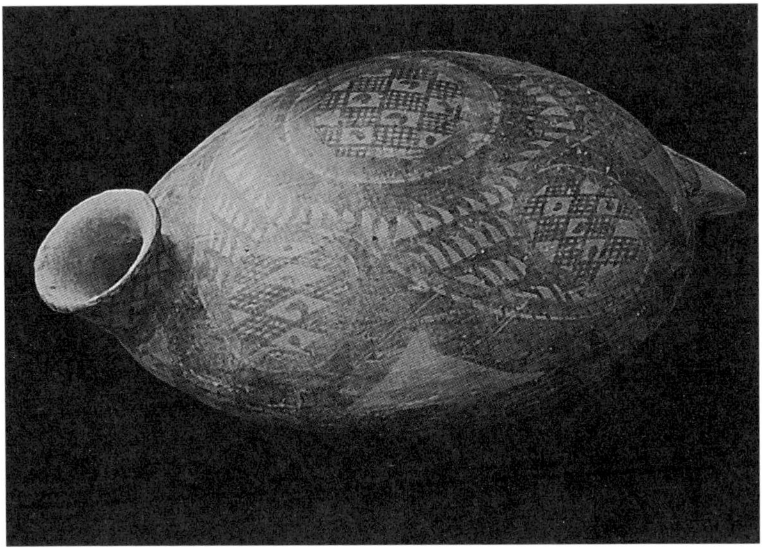

136

龟状的彩陶壶

2006 年 北京

红陶质。长 15.4 厘米，口径 4 厘米，高 7 厘米。从纹样推断，多半为西北的半山文化。您看，龟背有锯齿纹和网纹，从它那儿，可以感受到原始人类捕鱼生活的真切气息，还有螺旋纹，从它那儿，又可以感受到他们对水纹的观察和描绘。我见过一些古陶，但绝对没有见过如此形貌的古陶：如龟，头为壶口，有短尾，上为曲盖，底平。做什么用？盛水？盛尿？……是最早出现的夜壶？新石器时代的先人竟文明到使用私人的溺器了吗？我们惊讶于龟壶造型的简约大器，也惊讶于陶壶在文明之路出色的演化。

137

装有胎盘的便盆儿

2002 年 5 月 晋南丁村

缸瓦质。直径 21 厘米，高 12.5 厘米。在厕所，发现便盆儿上有砖掩盖，置于墙内，宛如供奉什么的小阁子。时间久了，有泥尘水渍流凝周围。低声问老乡，答：“前辈人的胎盘放于此盆中，至今有六七十年，无人动过。”

138

茅厕里的坐便架

2005 年 6 月 浙江宁海前童村

各位看官，切莫为我们拍摄茅厕而发笑，吃、喝、拉、撒、睡人生五大要事，哪一个人、哪一件事能免？不但不能免，“内急”起来，是比其他要事还要让人急呢。茅厕宽敞，不闭门，角落堆着成垛的野禾柴草，还有几支粪桶，提梁在，仍可担挑。靠门近些的是屙屎的木座架，底下是很大的缸瓦质的储便池，池上有可拉动的木板，板一侧有竖立的木桩提把儿，淘粪方便。据查，古代农村家用茅厕的储池是与饲养猪的圈粪出口相连的，这是为了便于收集肥料而设计的，说明农民养猪既是为了出售（与消费），同时也是为了获得肥料。粪便，上千年一直成为肥料的代名词。我们由于匆忙，没有细看此茅厕旁有否猪圈相通，但能拍下这个 2005 年 6 月前童村一个真真切切的茅厕，已是十分高兴了。

139

朱漆的马桶（便桶）

2005 年 5 月 浙江慈溪天元镇

马桶，就是大小便用的有盖的桶，多用木头箍成，有的地区也叫马子。图中这个朱漆马桶，据说是江南一带船家常用的。桶有竖立的提把手，便于移挪与沉水洗涮，提把手的头部被雕刻成莲蓬状，大约是喻义水乡湖泽的生命吧。盖子有二，大盖掀开便于清洗桶中粪尿，大盖上有圆洞，供人坐便排泄，又复有严密小盖，以防气味发散。南方水上生活习俗，略见一斑。本来，耕事则问耕夫，织事则问织女，水乡事则问水乡人，我们长这么大，与耕夫织女水乡人相识交往甚少，未得请教。面对这老物件，竟讲不出一点有趣的东西来。

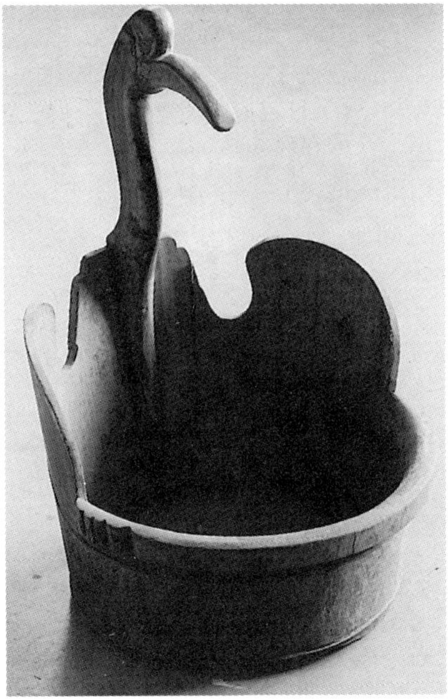

140

洗脚桶与一只“鹅”

2005 年 5 月 浙江慈溪天元镇

木质。总高 56 厘米，直径 38 厘米。提桶的整个造型宛如一只鹅，鹅颈作提手，鹅翅作桶围，构思奇特，这样的灵感只有在水乡江南才能妙出。鹅，形似雁而大，“峨首似傲”（《说文解字》），野生或饲养于河湖近旁，以鱼虫草芥谷物为食。肉可供馔，毛可填充衣被御寒。关于桶，越剧《九斤姑娘》家喻户晓，剧中一个聪明伶俐的农家女出了一个谜语：“天亮要箍天亮桶，晏昼要箍午时桶。日落西山黄昏桶，半夜三更要紧桶。”谜底呢？就是从早到晚生活必需的面（洗脸）桶、饭桶、洗脚桶、夜尿桶。此为一洗脚桶也，在宁波、绍兴一带几乎家家皆有，又都不是一个样，因为是手工箍的，出自不同的箍桶匠。

141

生小孩用的“子孙桶”

2005年5月 浙江慈溪天元镇

木质。长51厘米，宽41厘米，高57厘米。桶由两部分组成，其上是个大盆，再下是个小盆，它们都可以严丝合缝地嵌入桶，最后只露出大盆厚实的沿口。这种桶被称作“子孙桶”，是女嫁红妆中最神圣的器具。子孙桶专用于产妇分娩。过去母亲是站着把孩子生在子孙桶里。大盆预备热水，刚生下来的带血的婴儿就放在小盆里，洗净他身上黏着的母液，因此民间有“红脚桶投胎”的说法。在男尊女卑的社会，此桶也毫不留情地成了溺死女婴的工具。清乾隆初年的一份奏疏里，有文字记载：“因家计贫乏，虑日前之抚养维艰，即家计稍丰，亦虑将来之遣嫁滋累，并或急望生男，恐为哺乳所误，迟其再孕，往往甫经产育，旋即淹毙。”（《皇清奏议》卷五十九）子孙桶，是子孙投胎的地方，只有男性才算子孙。可子孙，正是由伟大的女性生下来的呀。

142

朱砂色的小拗斗

2005 年 5 月 浙江慈溪天元镇

木质。高 17.5 厘米，口径 18 厘米，旧时小姐沐浴的用具。“沐浴桶也叫‘浴香桶’，分高脚和低脚两种，宽面的大浴桶依然是朱砂涂染，鲜红鲜红。大浴桶边放着一个小拗斗，是盛水洗发沐浴用的……拗斗手把往里拗进，惟由洗浴的本人提起小拗斗，提过头往下浇水才适用。如贵妃沐浴，不用人帮忙，自己用小拗斗提水洗发淋头，其姿势如反弹琵琶，体态何等优美。”（何晓道著《红妆》）我们以为那小拗斗造型温雅柔美，倒真合了那闺房的气氛，也合了江南那莺飞草长、小桥流水的景致。据讲，此小拗斗是在温州一带古镇收集来的。

143

明代脸盆架

2002 年 5 月 晋南丁村

木质。总高 138 厘米，毛巾架宽 26 厘米，盆架直径 52 厘米，高 54 厘米。《考工记》有言：“天有时，地有气，材有美，工有巧。”四者相融合，相制约。也许，正是那个时代的审美思想孕育了这个脸盆架，而伴着它林林总总的家具环境，也影响了那个时代的人。

144

笠和蓑衣，挂在门边的钉儿上

2005 年 6 月 浙江宁海前童村

笠，由竹筋以女字形编织法展开，两面的夹层平铺箬叶或辽叶，后又以密集的竹筋收拾、扎紧笠的沿圈部位。笠帽，戴以遮日避雨。“蓑所以备雨，笠所以御暑。”（《诗经 · 无羊》传疏）关于笠帽里平铺的箬叶，就是竹笋的壳皮，也叫辽叶。辽叶呢？是生于南方平泽的一种草，根茎皆似小竹，叶与箨似芦荻，面青背淡，柔而韧，新旧相代，四时常青，男人取叶作笠，女人以衬鞋底。《本草》有此记载。蓑衣，用蓑草（龙须草，也称蓑衣草）或棕制成，披身上以防雨，有些地方蓑衣由上下两部分组成，上披肩，下短裙。我们在院里拍到的蓑衣，久用而破损，但麻线、草叶、棕的缝制是十分清楚。笠，直径 52 厘米，蓑衣，长 102 厘米。

145

褡裢

2002 年 11 月 燕京爨底下村

这一个褡裢。为什么非用“这一个”不可呢？大约它与“这一个”的主人的“这一个”命运联系着，它伴随他过日子：看他和它之间肌肤的亲切磨损，看他对它的缝补穿针，看他给它手墨提名的更改……人不在，人的痕迹全在。褡裢，粗帆布质料。搭于肩，装财物用。两面分别写有“乙亥年置”、“财源茂盛”。

146

暖手炉和炭块

2003 年 1 月　四川阆中

炉，铜质。总高（加把儿）12 厘米，肚径 12.5 厘米。盖，有龙凤刻纹，透蹄形漏孔，以散热气。这上百年前的老物件，内中仍存留着当时未用的木炭。出于一种莫名的关切，拣出两块放在了炉边，收入镜头。那位摩挲着小铜炉烘手的主人呢？斗转星移，物在，人，不在。

147

木门边的炭盆

2003 年 1 月 四川理县桃坪

沙瓦质。高 30 厘米，口直径 23 厘米。

随着“物语三千”的深入，我和我的伙伴高萍进入了一种状态，那就是无论旅行、工作多么紧迫劳累，只要拍摄开始了，我们能即刻稳下来，静下来，沉下来，观察和体贴着那些老物件，把它放在它最好的归宿地，让它接受一束自然光线的抚摸，留住它的肖像。接着，我们又去测量，向主人躬询物件的尊姓大名、年龄、承当的大任，一一画之，一一录之。一切从从容容，一切又在不肯费失一秒的劳作中快乐度过。

148

木炳铁锤，铁搂子

2002年1月 燕京爨底下村

一个砸煤块，一个搂煤渣，相伴走过一天，又走过一天。

青灯如许

149

火镰

2002年2月　燕京斋堂镇柏峪村

长8.5厘米，宽8厘米，厚2厘米。镰为铁质，上有牛皮小口袋，备装燧石和绒草，取火用。普通，意味着丰富，这是指以前，因为器具大部分是人手工制成的，所以也就各种各样。不像现在，器具由机器加工，各家使的都一个模样。

150

有把儿的油灯

2002 年 4 月 燕赵古村落

铁质。直径 9.5 厘米，高 2.5 厘米。我们有一点采蘑菇的经验——遇到一个蘑菇，不要轻易马上走开，你就在你站的地方，前后左右，草稞里，树根下，石壁边……反复找吧，一定会发现许多生长的蘑菇。当我们在爨底下一乡亲家发现了马勺、褡裢之后，唤起的正是那采蘑菇的感觉。认定这家几代主人的生活经历必然会留下不止这两个老物件。“寻找再寻找，采摘再采摘！”竟然在一家，集了几十件，编成了“物语三千”第一卷。

151

有（油）灯碗的残灯台

2003 年 1 月　四川阆中

陶瓷质。灯台高 18 厘米，上口径 7.5 厘米。灯碗高 3 厘米，径 10 厘米。灯把儿多么拙实，那碗把儿简直像燃起的火苗。火把、油灯、蜡烛，直至汽灯、电灯……它们在不同的时代、不同的地域、不同的黑夜、不同的情景中给予不同的人的不只是光明，还有伴光明而来的、带给人的各种各样极细微的感觉。人对发光体——灯，有了感情。现代的人们，过圣诞、过生日，和最爱的人在一起的时候，仍愿意点燃蜡烛，点燃油灯，找到或回归到初始的“一点光明”的气氛中。那么多种的灯，谁也不能完全替代谁。

152

煤油灯

2001 年 11 月 燕赵古村落

灯体的圆浑温厚，还有与之连接的云头图案的立板，可悬吊钩挂……对于将交付出去的这盏小小油灯，对于将要使用这灯的主人，我惊叹艺人的善意和匠心。

油灯包含着伟大，任何伟大的事情都不可能在匆忙中完成。

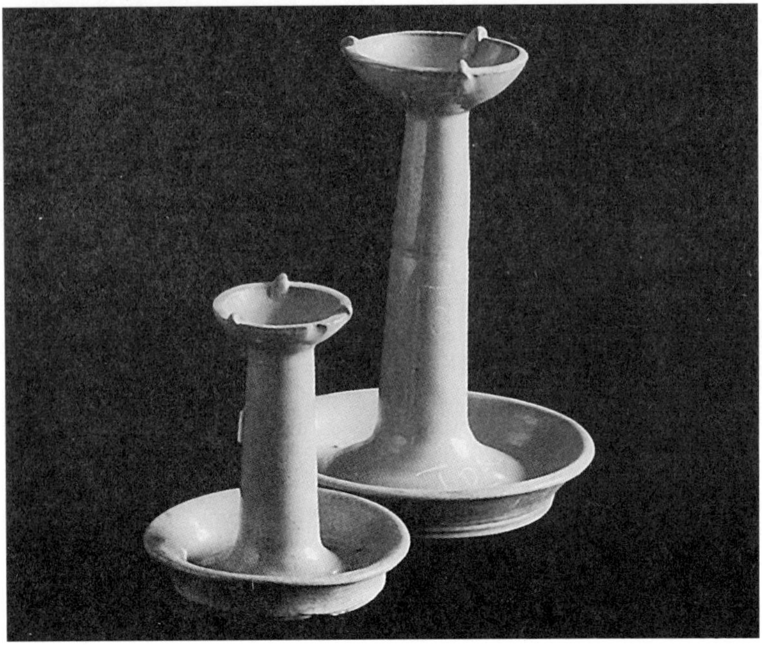

153

一大一小的油灯架

2005 年 5 月　浙江慈溪天元镇

缸瓦质，上釉面，豆青色，置油盏，加捻线，点燃。植物的种子所榨出之液曰油，豆油、菜油、麻油、桐油、花生油等等，皆可燃用。“你是为那灯盏里点的是两茎灯草，不放心，恐费了油。”（《儒林外史》）油，在以前，也是很匮乏的呀。“高灯下亮”，满屋光明？其实只有靠近灯，才能看清楚手下的活儿计，于是家里人凑在灯下，凑在一起，一边干活儿，一边说笑，围绕着只那一盏微弱的油灯，亲近、亲密、亲情就是自然而然的了。又及：灯架上碗托的三个小突起，是放油盏的支点。

154

一个弯把儿的煤油灯

2002 年 2 月 燕京爨底下村

缸瓦釉面。高 17 厘米，宽 6.5 厘米。把煤油灯放在了古老的条凳上，条凳很亮，而灯只蹭上一点点轮廓光。为什么这样做？想让灯暗，而让灯下一片光明，光明得耀你的眼睛。灯的主人叫韩孟远，五十多岁，晚上同我们聊天时，他讲起一个每天写日记的同乡，眼睛里充满着向往的光芒，他说："写日记，会使一个人有思想；写日记，还能影响到周围的人。"经由这个孟远兄弟，我们看到乡村中始终燃着的灯。

155

系着大铁挂钩的油灯小瓷壶

2006 年 北京

总高 19 厘米，壶高 6 厘米，腹径 5 厘米。你们为什么那么看重系在灯壶颈上的“大铁挂钩”呢？我们是觉得这跟使用它的环境有关系。它，一般不是平放桌上的，为什么这么讲？我们是勉强才让它平放，可一碰就会倒：挂钩使油壶的重心偏了。那么，何必弄那么宽厚结实的铁钩，钩又何必弯成那么大曲度的样子呢？它，一定是常常悬挂在一个粗粗的横木上，这钩才真正起了作用。至于横木是怎么回事，谁又能知道？也许，竟是一辆马车的辕木把儿呢。壶身的瓷釉很光亮，映出天空，映出正在拍摄它的两个人模模糊糊的黑影子。

156

中间有托环的八角底座油灯架，已残

2006 年 北京

铁质。高 25.5 厘米，底座径 24 厘米。随着照明器物的更新，老旧的油灯已被弃之堆房，潮湿锈蚀，残漏成如此。在夕阳的余晖里，我们将它安放于灰的石块铺成的地上，留住它最后的身影。再过几年，那残破的样子也见不着了。

157

捻儿管细长的油灯

2004 年 2 月 北京丰盛西斜街胡同张家

铜质。高 6 厘米，沿口径 3.2 厘米，腹径 7 厘米，捻儿管长 5.5 厘米，径 0.3 厘米。通体各部，均以圆的变化为造型依据，惟灯把儿手拇指所持按处，近乎桃型。大约造型语言单纯，灯浸透出朴实庄美的气质。它，是个老物件，我们总在猜测，它是怎样变老的，是与怎样的人一起生活而变老的。

158

马灯

2001 年 11 月　燕京爨底下村

德国制造的马灯，那么早就传到了中国的穷乡僻壤，有什么特殊原因？我想没有。人的基本生活需要它，在黑夜和风雨中都要有不灭的光明。灯是德国的，也是世界的。我们应该记住西方文明给予我们的恩惠，而不是只记住相反的东西。

159

桶状的油灯

2003 年 1 月　四川阆中

铁质。高 8 厘米，径 5.9 厘米。收藏人称，系民国初期的物件。显然，斜放的铁管是专门穿灯捻儿（灯炷）用的，点燃来取光。灯把儿的那根铁管呢？备用灯捻儿的棉线，是不是塞在里头？

160

祭奠用的铜蜡台

2002 年 5 月　晋南丁村

蜡台高 22 厘米，上盘、中盘、底座的直径分别为 6.3 厘米、12 厘米和 8.5 厘米。铜蜡台的两层托盘，是为了承接蜡烛那不尽的泪滴吗？

161

灯碗的支架

2003年1月 四川理县桃坪

木质。架高38厘米。圆托盘可上下移动，方便照明。尽管它不再被使用，让位给电灯，我们仍从暗柜把它取出，在一片温厚中，倾听它的故事。而且，在没有电的时候，倘重新燃起油灯，置其上，那会怎样？在半明半暗的静谧中，人会找回人的本原上的许许多多。

162

有玻璃罩的煤油灯

2002 年 2 月 燕京斋堂镇柏峪村

灯体有五星图案和“二场出品”字样。为了不隐没它造型的别致，我们将其安置在石墙上，背景是单纯灰白的天空。

163

没有烛的灯笼

2005 年 5 月 浙江慈溪天元镇

笼，总高 61 厘米，直径 30 厘米。一般，总有一根短细竹做灯笼提手，提手前端的套环，通过四根铁丝垂下直连着灯笼底部木制的圆盘烛台，这是烛灯的骨架。灯罩呢？是用细细的铁丝编织成疏网的桶状，有几道稍粗的铁丝箍之以牢，上、下部有沿口，以严合圆盘烛台和四根竖直铁丝组成的烛灯骨架，因为做工到位，抽拉中空的灯罩以换烛蜡十分方便。灯罩外糊特殊的纸，用桐油一遍又一遍刷透后，固定晾干。这灯罩除防风的功用外，还有装饰之意，灯匠们根据用户定做要求，用彩纸或笔在笼上弄出文字或图案，许多家定制的灯的灯罩，多有一个红或黑的不同字体的姓氏，或老宋体，或楷书，或草书。当暗夜蜡烛被点亮，灯笼上的各种文字图案互相交错，往来如梭，可谓景致啊。这种灯，是在日常走夜路时重要的照明工具。浙江一带称这种灯叫“行灯”，行被读作“ai”（音捱）。（见杭间著《手艺的思想》）

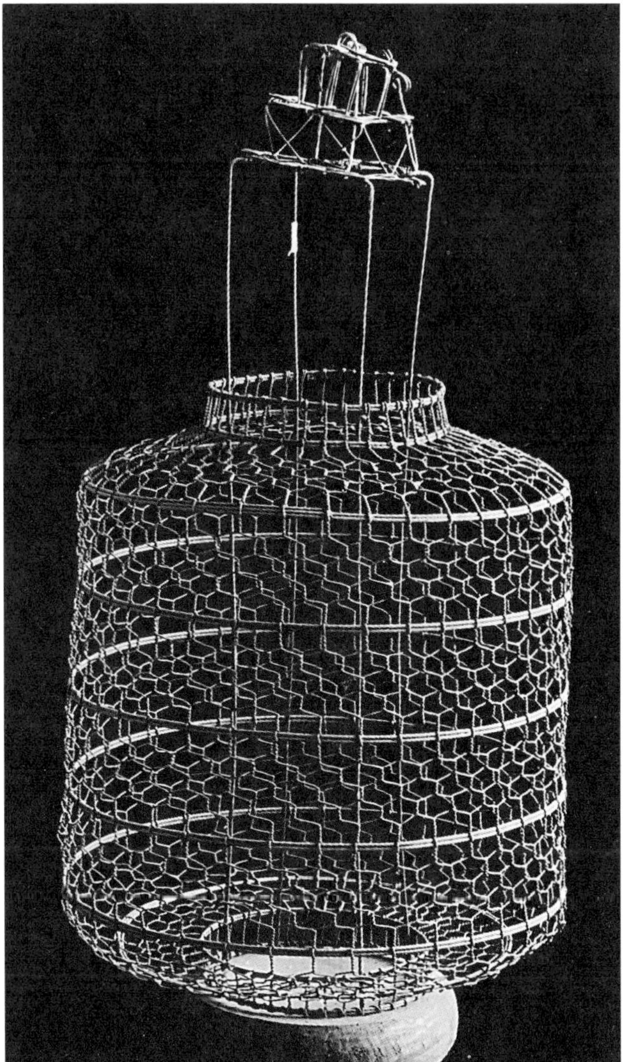

164

蜡烛台

2001 年 1 月 北京西城复兴门地藏庵杨家

铜的，可卸成柱、把儿、盘三部分。它一度被弃置在煤堆里，后来被另外的人发现而安置在书房，奉为一件文物——其实它就是几代人夜间缝针走线、读书写信而离不开的一盏烛台。烛台是应该被供奉的。

仰望着它，也仰望着两位诗人，他们跟我这蜡烛台有着生命的体贴：“春蚕到死丝方尽，蜡炬成灰泪始干。”（李商隐《无题诗》）“蜡烛有心还惜别，替人垂泪到天明。”（杜牧《赠别》）

165

流口与把儿成直角的油壶

2004 年 2 月 北京丰盛西斜街胡同张家

赤铜质，藏族寺庙内为油灯添油所专用。高 9.6 厘米，口与底径均为 6.2 厘米，把宽 2.6 厘米。工匠将油壶的流口与把儿锻造焊接成如此角度，巧有用意，他体贴添油者，不必过高提手，不致被燃灯灼伤。

166

有喜字的烛台

2003 年 1 月　四川阆中

铜质。婚庆所用。总高 23.9 厘米，底长 11 厘米，宽 7 厘米，烛台口径 5 厘米，深 2.2 厘米。从烛台口径测量，那结婚时点燃的蜡烛很粗呀，近 5 厘米！是的，让人经历幸福、快乐、梦想和爱情的时间慢一些、久一些，如同很粗的、慢慢燃烧的蜡烛。人一生，这样的时间本是不多的，甚或极短暂极短暂。

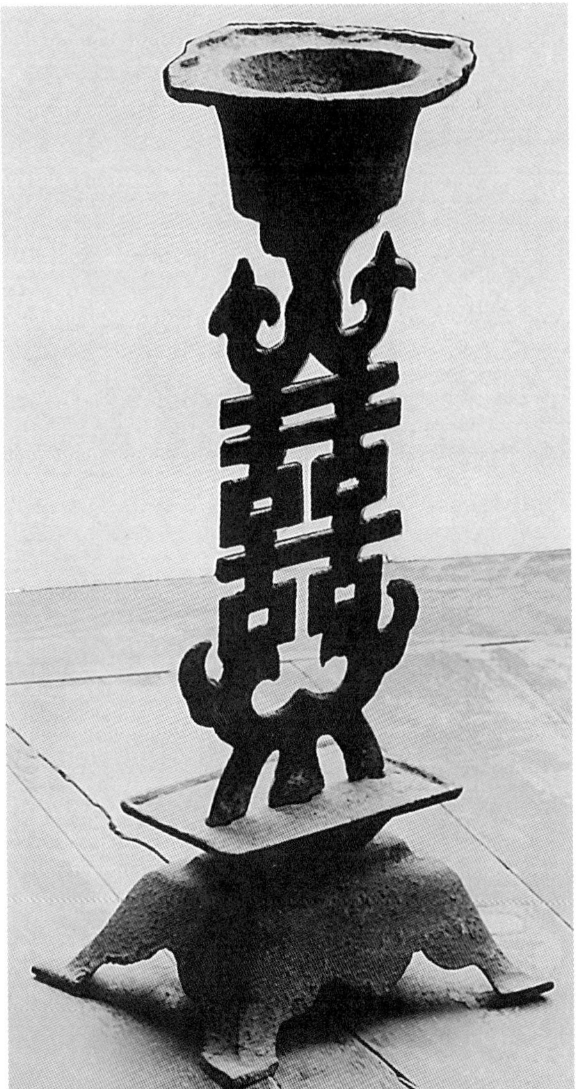

167

废弃的电石灯

2002 年 4 月 燕京爨底下村

外壳铁质。直径 6.5 厘米，总高 16 厘米，矿工井下挖煤所用的简陋照明器具。注：电石，无机化合物，化学式 CaC_2。用生石灰和焦炭放在电炉里加热制成，石块状，灰色，工业上用来制乙炔等，是无色有臭味的可燃气体，可用于照明。门头沟以产煤闻于京城，矿工如牛马掘煤于井下，提此灯，光微弱又有燃时的臭味，条件恶劣，可见一斑。

168

三足的汽灯

2003 年 1 月　四川阆中

铁质。总高 20 厘米，肚径 15.5 厘米。汽灯，白热照明灯具的一种。点着以后，利用本身的热量把煤油变成蒸气，喷射在炽热的纱罩上，发出白色的亮光。今纱罩无存，又未装油操作点亮，只依书上所说，心中甚为不安。

慧心匠师

169

鞋形墨斗

2001 年 11 月 燕赵古村落

艺术的生活，艺术的做工，在这个布鞋造型的墨斗前，我分不出艺术与人生的界限。布鞋——“不斜”的暗示，墨斗拉线，让木匠活儿方是方，直是直，不能有一点斜呀！

170

木工的工具箱

2002 年 2 月　燕京斋堂镇柏峪村

木质。长 45 厘米，宽 16 厘米，高 43 厘米。箱一侧有附板多孔，便于取用插放工具。木工外出干活儿，携带工具箱。

171

张廷旭藏先辈木版年画的明、清（代）刻版

2002 年 1 月　中州古村落

年画的题文是四季平安和槽头兴旺。据查，朱仙镇木版年画古称“门神”，历史可追溯到唐代，是中国最早的木版年画之一。北宋初，该镇木版年画盛极远闻。年画多取七十二行业供奉的诸神以及忠孝人物、吉祥物等，其构图饱满，线条简约粗犷，人物古拙浑厚，色彩浓丽。

172

木版年画的刻版家张廷旭的工具

2002 年 1 月　河南朱仙镇赵庄（村）

张冠生先生知道我醉心拍摄老物件，于是，借着到赵庄采访版刻世家张廷旭家的机会，约我一同前往。短短三四天，我们发现了尘封的旧版，在庭院里极尽兴致地摆放物件，探索采光，得其奥妙。由此，有了一批关涉明清两代年画刻版及工艺的珍贵图像。倘有人晓得你心里最想做的人生一事，又暗中支援，相知相投，幸哉幸哉！

173

木版年画的刻版家——张廷旭

2002 年 1 月 河南朱仙镇赵庄（村）

给他拍照，他知道；但他，像没有发生任何事情一样，继续一刀一刀地结结实实刻着版，不允许一分闲过，不允许一秒分心。矫饰地摆样子和一个真正潜心劳作的艺术家毫不相干。

174

有裂纹的木拍

2003 年 1 月 四川理县桃坪

盖房夯实拍打泥土的工具。总长 36.5 厘米。它仅由几何体三棱柱和圆柱组成，其魅力，难以用言语表达。我们像伺候圣物，把它放在老墩上，或立、或躺，拍了好几张，就是觉得拍不够。形状、质感、光线、气氛……妙极了。空闲，转而又想它，并又去寻找反复拍它的理由，噢！它是“夯实泥土”的工具。这引号内的四个字，不就是我们渴求生活密度与质量的同义语吗？！

175

窗台上的木槌

2003 年 1 月 四川理县桃坪

木质。总高 25 厘米，槌直径 7 厘米，把儿直径 3.5 厘米。不知何用。从槌体三个凹陷的大坑，看出它做了不少工才“瘦”成这样子。把儿，留住了手汗，一缕微光投下，将它和它周围的一切刻入了人的记忆。选择拍摄对象，也是在选择记忆——人不该忘却的记忆。

176

钉拐

2011 年 11 月　燕赵古村落

铁柄撑子是插在一个瘤块的木头上。乡人做鞋修鞋时，不知铁柄要给这个木底座多么大压砸的力。但，几十年，它都没有被毁、被打破打穿。为什么？大约那瘤块是树在遇到灾难时缓慢结成的疤，格外的旋钮，格外的稠密，格外的结实。逆苦的经历可以承受大任。

177

秧凳

2005 年 5月 浙江慈溪天元镇

插秧时用的小板凳。坐秧凳必须跨骑。秧凳底板形制前窄后宽，前翘后平是为了防止水田泥块阻碍器物的移动滑行。在启秧或插秧时，农人尽可坐于其上轻松地前后退行，省时省力，减轻些工作强度。秧凳俗称秧马。此江南产稻地区所用。

178

有凹陷手印的墙砖

2002 年 5 月　晋南丁村

清代砖石。整砖尺寸，长 25 厘米，宽 11 厘米，厚 5.5 厘米。做砖坯时，匠人特意将双手按在湿软的坯上，形成凹陷的条状空间。待烧制完成盖房砌砖时，砖与砖之间的抹灰可嵌入手印的凹陷处，增加了黏合面积，使整个墙体牢固坚实。我们在丁村，常常碰见这些被遗弃的有手印的老砖石，村里人甚至立着使用这砖石，堆成一段墙，结果是——有手印的砖面不是隐藏，而是直接暴露着，成了几百双手一下子聚在一起的手墙。谁的手？一个人的，还是几个人的？……不知道。这是极庄穆的，有关人的印迹的一座工匠纪念碑。

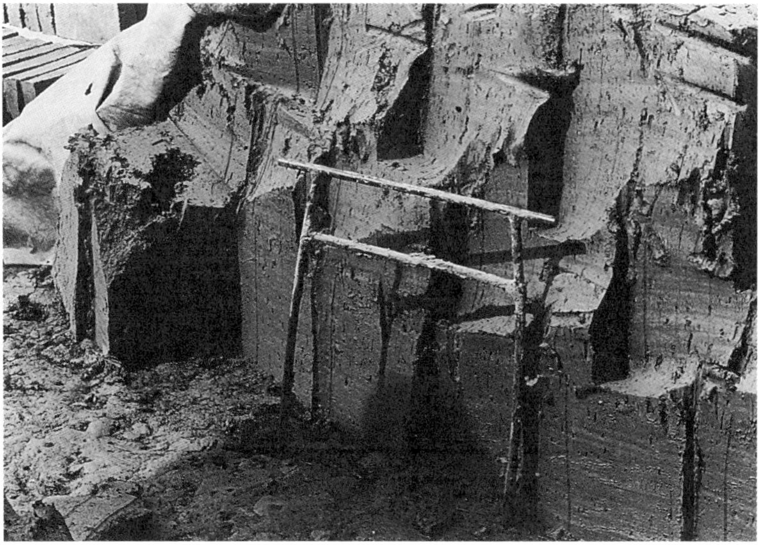

179

切泥的铁弦弓架

2005 年 5 月 浙江慈溪鸣鹤砖厂

厂子有露天制砖坯的地方，干活的女工为多。据《天工开物》所记，制坯前，先要试土寻泥：泥土，要黏而不散，粉而不沙为可。汲水滋土，稠泥成堆，人役数牛错趾践踏成熟泥。现在，自然不用牛踩，是机械捣拌了。熟泥以铁弦弓架切割，填满砖模木框中，刮平其面，松脱模，成砖坯。细看，才能发现弓架下面的一丝细弦。因为它是又硬又细的一根弦，不黏稠泥，所以切割甚方便；我想到城市的家庭主妇，用棉线绷紧而割开松花蛋的样子，那原理大约是一样的吧。

180

砖模子

2005 年 5 月 浙江慈溪鸣鹤砖厂

砖厂有一些红砖垒成的半露天小屋，内架一水泥板，劳工以此为工作台，用可松可紧可拆卸的木模具制砖坯。先将切泥填入模子，压实，再以弦弓刮平，脱模而出，放入坯砖堆放处干燥，等待入窑烧制。这传统的砖模子，长 47 厘米，宽 20 厘米。砖模子后面，就是地地道道的铁线为弦、弯木为弓的“铁弦弓”，专门的切泥工具。我翻阅宋应星所著《天工开物》，书中“制砖”一节的插图，竟与这一模一样。我叫不出这工具的姓名，也就套用了那古书里“铁弦弓”的称谓了。

181

砖要出窑了

2005 年 5 月 浙江慈溪

我们进窑洞，正赶上烧制好了的砖从洞里往外运。一左一右，都是码有空间的砖堆，黑暗中只有几个白炽灯亮着，忽闪忽闪地看见劳工把砖弄到人力推车上，满满的，齐到脖颈，这恐怕是人能推动的极限了吧。灼热的气浪扑面而来，让我们憋闷、气喘、难受，真是火上煎烤啊。浮土被来往的人与车碾扬起来，又呛又迷眼。我惊叹劳工在如此恶劣的环境中日复一日没有任何保护装备下的廉价劳动，这是发展中国家原始积累的一种普遍现象吗？在拨动快门摄下这一画面时，泪水模糊了我的眼。据高萍记录：每三天烧一批砖，温度达 800℃，出窑时，窑温 40℃左右。

182

填煤口

2005 年 5 月 浙江慈溪鸣鹤砖厂

从窑洞出来，记不得爬上什么坡什么阶，竟到了窑顶。顶，平平的，极开阔，砖地布满一个个铸铁的外方内圆的小口，口直径有 14 厘米吧，旁边搁着厚的铁盖备用，煤末隔五步差十步地自成一堆。我们从没有见过如此场面，正好赶过来一位砖厂师傅，一请教，“填煤的，烧窑用煤嘛！”他说得简单干脆，我们却仍在云里雾中：填煤口的下面是什么样子？烧一窑砖要填多少煤？什么时候可以盖上那铁盖盖？……不容我们再问，他转身走了。他忙呀！哪有闲空听我们那些无知的问题。只见窑顶棚架透出两束光，投在了填煤口的左右，仿佛高温烧熔的样子，挺神的，我们抓住这一瞬间拍了下来，我们就剩这点本事了。

183

干燥中的砖坯

2005 年 5 月　浙江慈溪鸣鹤砖厂

坯，密密麻麻排在地上，等待入窑烧制。据史书记载，烧制坯砖，倘火候少，则本色杂现，他日经霜冒雪，则立刻解散，仍还土质；火候多，则砖面有裂纹，更或砖形缩小拆裂，屈曲不伸，击之即碎，不适于用。巧用者以之埋藏土内为墙脚，即废砖的处理法。询问干活儿的师傅，告之："红砖韧性不好，经加水处理成青砖，青砖冷时不易碎。"我们本想在砖厂多拍点，但一些不便说的原因使这计划不得不放弃。四个月过去了，在补写照片图注的当儿，仍有强烈的冲动推着我想，如果有可能，我们再去拍拍火烧火燎的窑洞和站着躺着皆是泥坯的砖厂。

184

阴文“福禄寿”的老砖

2005 年 5 月 浙江慈溪

大夫第（巷）的一个老宅门，门侧的墙，似乎是后来用老砖堆积乱砌而成。我们发现几块老砖有阴文“福禄寿”的印痕，那是当时在烧制之前打上的，印文 6 厘米 ×2.5 厘米。此巷称大夫第由来已久，但终没有打听清楚其由来。第，邸曰第，即第宅，如别第、私第、官第、大夫第，说明有大夫的居所曾坐落于此，这一带的街巷也都“借光”称大夫第了。

185

临街老屋的门栏

2005 年 5 月 浙江慈溪鸣鹤镇

这是老镇上街 70 号的门栏，高 120 厘米，宽 120 厘米。门向外敞开，可贴靠在两侧临街板墙上，不占地方。栏上部呈两曲线状，自然流畅，两线中空部配有雕纹的立柱各八根，和谐大方。现今，人去楼空，门栏只用一圈铁丝扣着。这么典雅朴素的木结构建筑，只是一种遗存了。

186

半开的窗、窗栏和稍有破碎的窗纸

2005 年 6 月　浙江宁海前童村

窗，它的设计、匠意、雕工，以至于几百年来的时光与人对它的抚摸，已造就了它的一种气象和境界。何谓“气象”、“境界”？正如“风雪夜归人”、“独钓寒江”、“大漠孤烟”、“江心月白”、“望尽天涯”、“灞陵伤别”、“滴雨梧桐”……几乎，你是被遮天盖地弥散着无数微粒造成的气氛所包围、所裹挟、所侵袭、所拂动、所滋润、所冻结，几乎，你是被挥之不去、搅之不散的整个精神所震惊、所感染、所欣悦、所激荡、所沉浸、所投入……置身这庭院窗下，高大粗壮的廊柱、坚实的门额、古字的训碑、方厚的水井、溪上的老桥、百年的耕具、质纯的木窗、简约的纹样……一切都让我们感动、驻足、流连，认定它已构成了一个“气象”或“境界”。据考，明代方孝孺曾在此地教课育人，著书立说，更增添了这气象的阔远。

187

残而有韵的窗

2005年5月 浙江慈溪鸣鹤镇

窗，砖石雕制。130厘米见方，有晾衣晒被的竹竿从中穿出。竿子，经人的长久抚用，泽滑可爱。隔窗，大白之光尽照老院墙瓦，连廊道的顶棚也因地面的反光而格外暖亮。

188

浙东老屋透雕的石窗栏

2005 年 6 月　浙江宁海大佳何镇

石窗栏已经从老屋拆卸下来，收集到了这里，成了民俗收购站里的东西。在宁海前童古村，见到了许许多多民居老院，其窗栏都是这种石板透雕。石，坚硬，又有纹样格棱，保证了窗内生活的平安，也朴素地点缀了院墙屋舍。几百年前安置的窗栏，它们自己都不会想到，竟在几百年后的今天，被拆卸，被一些人买去，供在展室台面，或让人欣赏，或让人发财。我不知，现在中国城市那些一座挨一座的新兴高楼大厦，其千篇一律的白色四框的塑料钢窗，几百年后会不会也有人把它们拆卸下来收藏、欣赏、发财？我甚至眼下就推测，粗制滥造的塑料钢窗也许十几年之后就弯形脆碎地被扔进了垃圾桶。不信吗？等着瞧吧。结束了在浙江的探访，留给自己一个问题，就是：我们今天的生活，还是我们以前所希望过的那种生活吗？

中州古镇

在张冠生先生的协助下，我们竟也在中州河南的朱仙镇及附近村落赵庄、腰铺拾遗一番，拜访了几十家农户，甚或在乡亲们的层层围观下，去拍摄他们刚刚放在地头的老农具。

还有，尘封了上百年的木版年画的原刻版，默默无闻的岳武穆夫妇铜像，都让我感动不已，并一一刻来。据报载，岳飞铜像，这个明代遗物，在 2005 年被窃而消失了。这事发生在我们观瞻后的第三个年头。堂堂的文物保护，朱仙镇的镇宝，竟然如同无人看守一般。

189

村庄之路

2002 年 1 月　河南朱仙镇赵庄

离开中国木版年画发源地之一的朱仙镇赵庄，太阳西斜，有辙沟和柴火散落的地面隐在巨大的阴影中。土坯垒成的墙，高高低低，半整半缺，还有疏朗的冬树和远处亮白的天空。我们停住脚步，留下这唯一被我们认定的村景。

190

灰砖民舍

2002 年 1 月　河南朱仙镇腰铺村

这样的老房，村里还有一些，不多了。虽老，但是个东西，是个讲究，能讲出个造型、功用、审美的究竟来，是懂得建筑的工匠讲究出来的。您再看看现在的新房，虽新，但不是个东西。盖房的材料，时髦光亮却粗劣不经用；房里的家具的摆设，都是从廉价的商店买来，一模一样，庸俗简陋。也许，中国社会美盲最猖獗的时代就是现在，从上到下。

191

明代岳飞铜像

2002 年 1 月 河南朱仙镇岳飞庙

朱仙镇位于开封城南二十公里处，是中国四大名镇之一。北宋时期，朱仙镇为岳飞大破金兵的古战场。镇西北隅有岳飞庙，始建于明代成化十四年（公元 1478 年）该铜像供奉于此。像，颇有神韵，相比之下，其余后造者黯然。

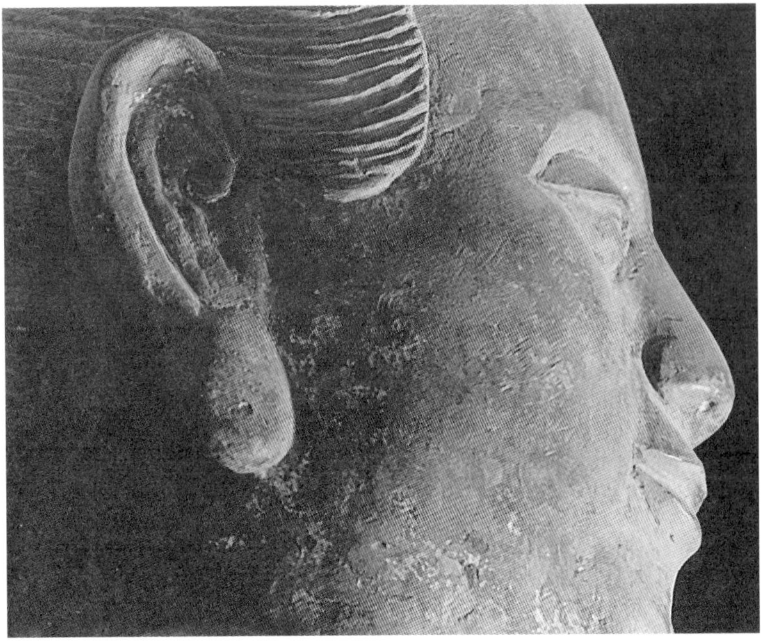

192

明代岳飞夫妇铜像之岳夫人像（局部）

2002 年 1 月 河南朱仙镇岳飞庙

从这个角度拍，更能体现原初趋于佛头的造型。注意那宽厚硕长的耳垂和静穆俯视的神态。铜像曾镀金，现只剩一点斑驳，这反倒清净些。

193

明代岳飞铜像（局部）

2002 年 1 月 河南朱仙镇岳飞庙

朱仙镇岳飞庙所存真迹无几，只剩有铜像（手已残破）和两座石碑，碑正面镌刻岳飞《满江红》和《送紫岩张先生北伐》。

194

朱仙镇岳飞庙内的立柱和窗棂

2002 年 1 月 河南朱仙镇岳飞庙

195

朱仙镇岳飞庙石碑龟趺（头部）

2002 年 1 月　河南朱仙镇岳飞庙

很少见到驮石碑龟趺的头是缩到龟壳里面的，而这岳飞庙中的其一就如此。弄不清是工匠，还是谁人的隐喻，这谜，问了一些人，不得其解。但那龟趺的缩头，其舌微露，生动极了，见后难忘。

196

屋顶吻兽

2002 年 1 月　河南朱仙镇关帝庙

197

石狮（局部）

2002 年 1 月 河南朱仙镇关帝庙

狮的有力、多毛的爪子，被雕刻成这个样子，不能不说它包含了优秀石匠独特的理解和创造。

198

朱仙镇清真寺（北大寺）大拜殿的铺石地面

2002 年 1 月　河南朱仙镇清真寺

从明代，在这条石上，就开始了穆斯林的顶礼膜拜，信徒们的头、手、膝、足都在上面留下了印痕，借着幽幽的天光，那条石的凹凸与光泽竟像水的波纹，闪烁在拜殿里。

199

明代清真寺（北大寺）大拜殿护墙砖雕

2002 年 1 月 河南朱仙镇清真寺

砖雕中有变形的阿拉伯文作图案。

以食为天

200

老灶台

2005 年 5 月 浙江慈溪

勺，直径 15 厘米，铁质木把。独居老屋的老妇，她的厨房很暗，处处烟熏火燎，借助窗户的外光，我们终看清了她的灶台。什么是整洁光亮？这才是真正的整洁光亮！完全靠着人对物的爱惜，对生活的信念，竟将这烟熏火燎弄得如此的整洁光亮。我惊叹了：人，可以创造日子。

201

灶台上的蒸锅

2002 年 5 月 晋南丁村

铁质，炊事用具。直径 42 厘米，锅篦，直径 36.5 厘米，篦抓，长 19 厘米。圆支架，直径 8.9 厘米—9.5 厘米，高 7 厘米。篦抓两个，是用来将锅篦提起，以防被热蒸气烫伤。蒸屉是套装，铁的，依所蒸食物多少可调节使用。

什么叫生活的信念？当你看到这一个又讲究、又厚重、又实用、又坚牢，使个几辈子也坏不了的器物时，你看出的可就不是器的物质性了，而是深藏其中的那代人们的生活信念——好好地认认真真踏踏实实地生活，不光我这一代，让子孙们也如此。

202

红门前的火炉

2002 年 5 月 晋南丁村

铁皮制。炉盘 41 厘米 ×41 厘米，高 56 厘米。炉盘支架与炉脚紧紧把牢，浑然一体。盘两侧是可以上下翻动的提把手，因为在没有烟筒的情况下，生炉子，烟多，呛人，又有煤气，必须在屋外。等柴烬而煤块（或煤球）燃得红火、火苗青且旺时，就可提炉移到屋子里取暖做饭了。倘若火用乏了，须添煤，又要搬到屋外，真是又麻烦又辛苦。可家境贫穷，连烟筒也买不起，只能如此。我小时候，眼看母亲就这样里里外外地搬炉子，持续了好多年。我老了，在古村落发现了这个火炉，想到的首先是自己的母亲。

203

竹篦

2005 年 5 月 浙江慈溪

篦，竹片组成经纬状，由竹篾以环形穿编其中，交叉紧固处以藤皮穿绑。竹片上的小孔洞，皆藤皮绳脱落处。篦子，是指有空隙而能起间隔作用的器具总称，此件是蒸食物放在锅上的竹篦子，直径 37 厘米。(晋)《竹谱》谓竹有七十余种，大部产于我国南方。笋可食，叶可制雨笠，干可制八音之一，如笛、箫、管、箛、笙、竽，还可制各种生活用器。古代未有纸时，大事书于册，小事书于简牍，皆以竹木为之，略称之曰竹简。人类的生活，没有哪一件不是取于源于自然的，但现在，我们身边还有这种亲切的自然之物吗？

204

手工的蒸屉儿（背面）

2002 年 4 月 燕京爨底下村

直径 31 厘米。由木头、铁条、荆桿、鬃麻绳制作。把蒸食放在屉儿上，盖上屉帽，利用锅里水蒸气的热力，将馒头、包子、窝头、花卷等食物蒸熟。

205

双提把的铜锅

2003 年 1 月　四川阆中

俗谓釜为锅，乃烹煮食物之器。此件，提把与锅靠粗铜条穿孔捆绑而结成，见出工艺的简略。但简略中，不乏透出那造型上的朴素与浑然，甚而更有其生活底层用具的自然与牢靠。锅，总高 15 厘米，直径 26 厘米，提把直径 0.8 厘米。据讲，系民国时期所制。

206

有方形流口的铜锅

2003 年 1 月　四川阆中

据收藏人所称，先人用于炖肉煮汤之食具。稍细观，铜锅纹饰为半环层绕，凸点或散或聚，似铆钉。锅上沿，流口和把儿尺幅相致，又方中取圆，圆中取方。通体，曲流处见方直，朴美处见刚勇。不由让人想象此物于古代阆中，配于蜀汉守将张飞和穿盔带甲兵士的装备，征战中，以此锅烹煮食物、汲水饮酒何其妥当，何其英武！请原谅，这是拍摄后引发的想象。想象不能替代对物件的考证，甚至最好不要影响考证。但谁又能说考古不需要有想象呢？也就是不要将二者混为一谈罢了。让微光从铜锅上方轻轻抚过，其他部位仍浸在冥冥的黑暗中。物高 16.5 厘米，底径 11 厘米，肚径 18.5 厘米，口径 12.2 厘米，把儿宽 4.2 厘米。

207

支炉儿

2002 年 12 月 燕京爨底下村

放在火炉上烙饼用的。沙瓦质。直径 30 厘米，高 12 厘米。主人已弃之不用，闲置堆房。我们从陈杂中挑选出来，用荆枝小棍疏通上百个小眼眼，掸去上面的厚尘，又擦上点儿油，恢复了它的原貌。重新审视这幅照片，又问自己，它是原貌么？不是。原貌是永远不会恢复的。我们只是想找到对它原貌的感觉罢了。

208

饼撑

2001 年 11 月 燕京爨底下村

三个后来铆上的锯子同最初的饼撑合为一体，竟分不出它们在颜色、质感等方面的差别。但铆上去的就是铆上去的，这个差别却永远存在。

209

床子

2001 年 11 月 燕京爨底下村

过去轧饸饹的床子，不用了，放在那里，可以被亲切地抚摸、观赏和垂问；而现在使用的电冰箱、烤箱、电脑……倘坏了，不用了，弃在那里，恐怕难以作为审美的物件。为什么？有相当多的原因：前者是有感情的人的手工技艺，后者则是无感情的机器批量制造的产品。饸饹，即面条。床中间的空槽填充和好的面团，经压轧，面条就会从槽底部打了许多孔眼的铁片下挤出，只待下锅了。

210

轧饸饹的器具

2001 年 11 月　燕京爨底下村

如果不是物件的主人的告知，我们是决不会认出它是干什么的。人家用了百年，我们毫无所知，世界就是一个大。我从中自知并感受到了可喜的卑微。这个器具如此一幅照片不足取。因为看不到底部打了许多孔眼的铁筛板，也看不出和握把儿相连的压柱。要让不了解这物件的人弄清楚它的里里外外，怎么压饸饹面条的程序，非分开几个角度来拍不可。

211

老木桌上的马勺与碗

2001 年 11 月 燕京爨底下村

无论您做什么，说什么，或者不做不说，都是最好的。“您”，指老物件。这套东西是老乡的大伯留下的。大伯父、大伯母早已作古，埋在村北头的庄稼地。我们一边拍摄，一边和老乡聊天。木勺，是整块大木掏成的，为什么又称马勺？是专门喂马的么？老乡说：“马勺盛的粥香。”怎么竟用这勺盛粥喂人呢？还特“香”。这秘密就是秘密，解不开，你就用这马勺盛粥喝就行了，而且真是蛮有滋味——看着、喝着都有滋味。看到那青花瓷碗了吗？上面用锔碗的金刚钻刻着一个“增”字。据说这乡村自打明末清初从山西移来人口，都姓韩，中间的字，按家族辈分的排行，轮到了“增”，那一辈人都叫：韩增 X。

212

有牛皮条包固的米勺，整块木削制而成

2003 年 1 月 阿坝藏区木城沟

勺总长 27.5 厘米，宽 10 厘米，厚 1 厘米，高 6.5 厘米。由于皮条包固，木勺不易裂破，便于长久使用。

213

装奶酪、奶油的小木桶

2006 年 内蒙古塞外老街

桶，由十一块木片以三圈绞合的藤皮箍就封底而成，最上层藤圈夹了一块牛皮，大约是补救松动而使桶扎紧牢固。盖子的乳头状把手与桶沿的缺口对接合缝，做工严实。桶所盛奶酪，是马、牛、羊的乳汁做成的半凝固食品；奶油，则是从奶中提炼出软的白色微黄、脂肪含量较黄油为低的物质，通常用做制糕点和糖果的原料。闻闻桶，有强烈的奶膻味。桶，高 16.5 厘米，口径 14.6 厘米。

214

器托儿

2002 年 5 月 晋南丁村

藤条编织。上直径 14 厘米，下直径 10 厘米，高 5.3 厘米。用以托垫盛着温度极高的汤羹食品、碗盆的器物。有了器托儿，免得烫伤手，也保护了桌面。这用功用心编制的完好器托儿，是收藏人陶富海先生从破烂堆里捡到的。

215

小油篓子

2002 年 4 月 燕京爨底下村

荆条编织。高 18 厘米，长 26 厘米，口直径 11 厘米。内裱多层棉纸铜油，轻薄而密实，盛油或酱菜用。

216

油罐子、酒罐等容器

2001年11月 燕京爨底下村

不喜欢坛坛罐罐，觉得它是生活的拖累；喜欢坛坛罐罐，觉得它是生活的温暖，矛盾吗？这就是我自己。当我把它们聚集在水缸的石盖、菜墩上，成为一种起伏错综的节奏和韵律时，更喜欢坛坛罐罐了。

217

小油罐和小油勺

2002 年 4 月 燕京爨底下村

油罐，缸瓦质，盛放菜油。口直径 8 厘米，高 10 厘米。油勺，铜质，直径 4.2 厘米，厚 0.7 厘米，把儿总长 10 厘米。乡人告知，旧时每做饭菜，只淋几滴油借味，少有整勺用之。《天工开物》记：“凡油供馔食用者，胡麻、莱菔子、黄豆、菘菜子为上。苏麻、芸苔子次之，樣子次之，苋菜子次之，大麻仁为下。”此书未载落花生，由此可知落花生这一植物在明代末年尚未成为重要的油类农产品。

218

靠廊柱的一个杓

2003 年 1 月　四川理县桃坪

竹质，杓长 12 厘米，直径 7.5 厘米，把儿长 38 厘米。杓，挹酌器，用以舀流汁者，同“勺”。“则执杓而饮河者，不过满腹。”（李康《运命论》）。物主告知，先人以此舀油，称油杓。

219

有布补丁的灰盆和黑釉坛

2002 年 5 月　晋南丁村

缸瓦质。灰盆，直径 17 厘米，高 9.6 厘米。盖子，高粱秆缝制，直径 18 厘米。黑釉坛，坛口直径 11.7 厘米，腹直径 17.5 厘米，高 14.6 厘米。腌咸菜用。

这器物，都是从一位故去多年的老奶奶的住房里拍摄到的。住房空寂，无人居。

220

擦子

2002 年 2 月 燕京斋堂镇柏峪村

竹擦子（微曲形），长 32 厘米，宽 9 厘米，厚 1.2 厘米。木擦子（平板形），长 27.5 厘米，宽 8 厘米，厚 1.8 厘米。擦子中间嵌有带刃的铁皮，将葫芦、萝卜一类的瓜蔬搓擦成条。

221

手工自制的擦子

2002 年 4 月 燕京爨底下村

长 32 厘米，宽 10.3 厘米。白铁皮和自然弯曲的老树枝打磨制作而成。 这是将瓜蔬等擦成丝状的厨具。刀由燧石演化而来，勺子由并手取物和贝壳的形状演化而来，这擦子呢？它演化的原物和契机在哪里？

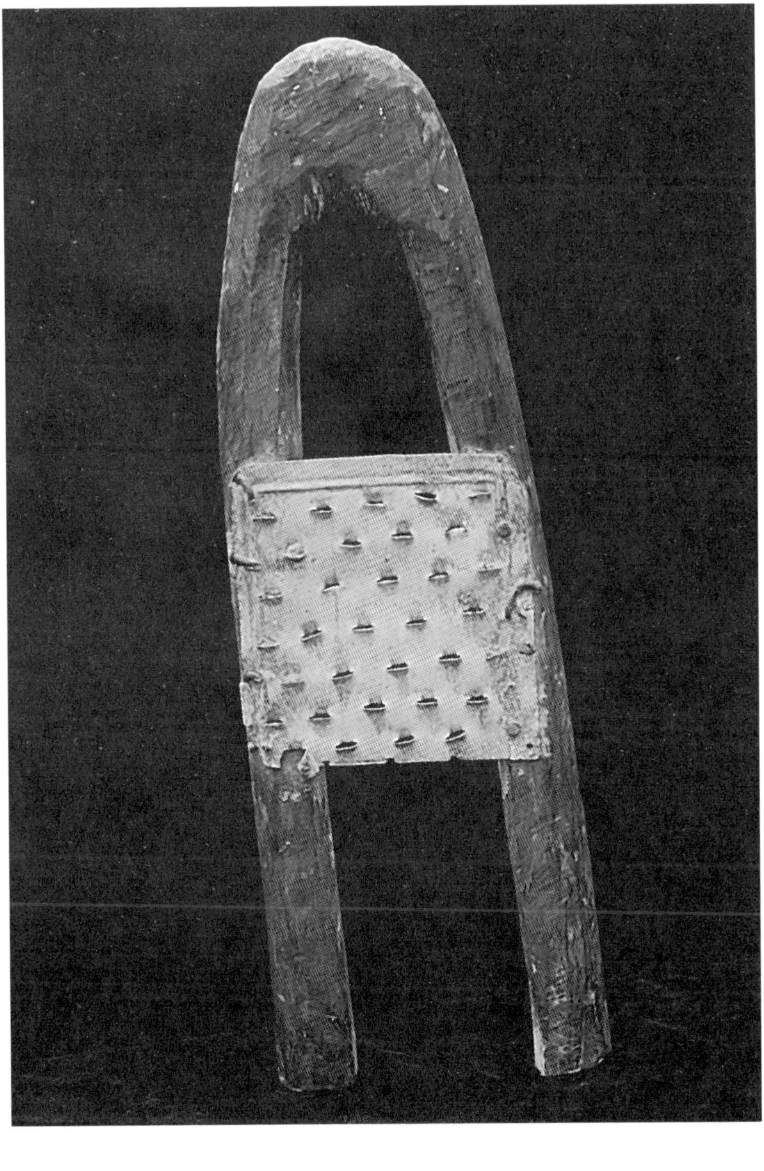

222

黑木臼

2002 年 5 月 晋南丁村

木臼，又称“捣窝子”。硬杂木打制。直径 9 厘米，高 9 厘米，内深 5 厘米。木杵，木本色，直径 3.7 厘米，长 16 厘米。这户人家专用此器物将蒜捣碎成泥。从臼杵的大小比例和色泽差别推断，非原配之物。但又都是老的。

223

竹席上的石杵石臼

2005 年 6 月 浙江宁海大佳何镇

杵，石球作杵头，嵌木把儿。臼，直径 33，高 14 厘米，两侧有果叶状的凸雕，作端把儿用。下部有类似枝干密围的雕纹作底托。此物经历时光的考验，虽石质，仍有不少细小磕碰破损。臼，溯其源，本义作舂臼，指形凹施杵以舂米粟使精熟之器。扩大其使用范围，“凡舂物使物细碎之凹形物皆曰臼”。《世本》有记：“雍父作舂，杵臼。”创制杵臼这种器具的，是黄帝的一位臣民，称雍父。

224

放着一把刀的炊具架

2002 年 6 月 晋南丁村

木质。长 27.5 厘米，高 38 厘米，厚 7.5 厘米。刀，钢质，长 40 厘米，宽 10 厘米，柄长 6 厘米。此器物系挂靠厨房墙壁上，放置刀、擀面杖一类炊具。因厨房太暗，无法拍摄，故放于院中亮处。离其原址，也失其原味，消损重矣。

225

叉子

2002 年 2 月　燕京斋堂镇柏峪村

树枝截取而成。大叉长 46 厘米，小叉长 36 厘米。主人用叉挑取和翻拨缸内的咸菜，原料为常见的瓜蔬和当地的野菜，村里各家各户都还有这么几口大缸，缸里腌的大概都是那几种咸菜。

226

镘头碗

2003 年 1 月　四川阆中

缸瓦质，曾挂釉，多有剥落，所剩无几。物主称，为六朝时代食具。馒头碗，似乎指碗的大小同馒头罢了，不是指专门盛馒头的碗：但从“大小”细究，先人做的馒头够大，食量，比起今人来，也够大！查字典，碗，古时以木或石凿成，故偏旁从石。碗有茶碗、菜碗、酒碗、饭碗等。上下几千年，衣食住行的那些老物件，其基本形制，比如就这天天吃饭的碗，没有发生什么根本的变更，大约因为人还是人，那碗合于人的手，人的嘴，人的胃……除非人变成了另外的什么。 大碗，高 10 厘米，上径 14 厘米，底足径 5 厘米。小碗，高 6.5 厘米，上径 9 厘米，底足径 3.8 厘米。

227

红纹白底的老碗

2002 年 12 月 燕京爨底下村

瓷质。高 6 厘米，直径 16 厘米。盛饭菜的食具。久违了，这碗，这碗边熟悉的图纹。五十年前的记忆忽然被唤醒，那时和父母、哥哥姐姐围着破旧而低矮的饭桌，坐小板凳，用这样的碗，吃着葱花炒窝头，真香啊！倘现在没有见到这老碗，或这样的旧饭桌、小板凳，难道那情景就永远沉睡尘封在脑中了吗？不知道。但我估摸着，老物件可能引人忆起人的来路，也影响了人的去路。

228

残破的青花碗

2002 年 5 月 晋南丁村

瓷质。大碗，直径 16 厘米，高 7.6 厘米。中碗，直径 9.7 厘米，高 5 厘米。大锔子，长 1.2 厘米。小锔子，长 0.8 厘米。在《手艺的思想》（杭间著）中写道："碗的形状为什么是个半球体？……从功能上看，碗的边沿，与人的口唇吻合，球体容器的容积、强度，无疑比其他形状来得更优越……它更容易洗涤。关键问题是尺寸，碗是和手直接接触的，因此必须适合手的生理构造……人类拿碗的动作要求是，碗的高度不能超过拇指和其余几指所能钳住的尺寸。"从感觉上摄取碗的残缺美与理性化地分析碗的结构功能，两者仿佛差之天壤，做前者，完全没有想到后者吗？天与壤，我们怎样离得开啊。

229

二个高脚盘

2003 年 1 月　四川阆中

陶瓷质。据物主称，系清代。盛菜肴、汤水、果品、饭食用者，皆可曰盘。"谁知盘中餐，粒粒皆辛苦。"（李绅《悯农》）。又承露用者："盛之安者莫如盘。"（曹植《承露盘铭》序）这已属神驰天地，不在使用之例了吧。

230

宋代的钵

2003 年 1 月　四川阆中

瓦质。高 9 厘米，口径 12.3 厘米，底径 9 厘米，壁厚 0.4 厘米。钵，乃盛食物之圆器。由梵语 patra 音译成钵，世遂多以钵为僧食具之称，例：托钵、捧钵。据载，佛图澄“取钵盛水。”（《晋书 · 佛图澄传》）《传灯录》中记载，有僧问守清禅师：“如何是和尚家风？”师曰：“一瓶兼一钵，到处是生涯。”此钵，环身有六层凸凹密集精致的回形图案，为典型宋代饰纹。钵下部空疏大简，使整个器具出落不凡。

231

制糕饼的两个模具

2003 年 1 月　四川理县桃坪

硬木质。其一，长 35.4 厘米，宽 4.7 厘米，厚 2.5 厘米。其二，长 33.5 厘米。虽羌人所用，但图纹喜、寿、福（蝙蝠）、蝶、云纹、钱纹之类同于中原汉族做月饼的模具图纹。

232

笊篱

2002 年 1 月 朱仙镇腰铺村

编织它的材料和漏水的孔，完全不同了，甚至它捞起东西的瞬间，那漏水的快慢程度也绝不同。它到底捞什么？您猜猜吧。猜到了，就知道了，即使同一种物件，也是各具独特的模样、材质、功能……也反映出了地域，气象，自然，物种，人类劳作活动，工匠技艺等等的千差万别又缕缕相关。

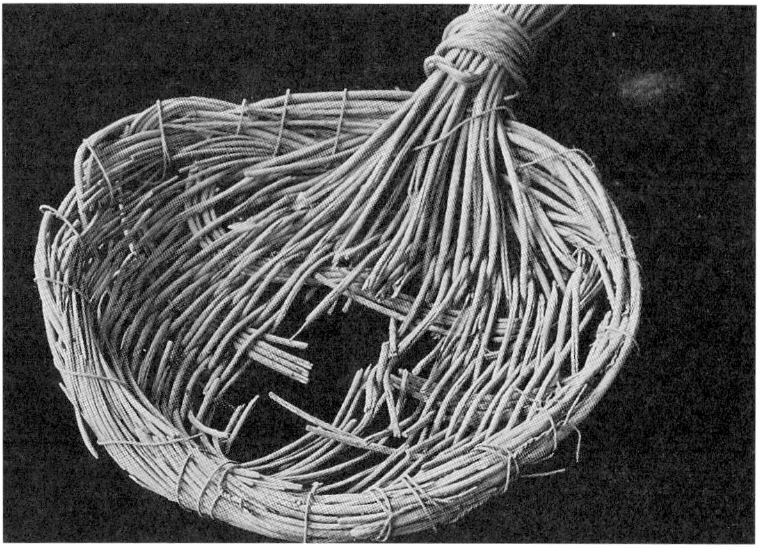

233

笊篱

2002 年 2 月 燕京斋堂镇柏峪村

长 44 厘米，宽 24 厘米。以竹篾、柳条或铁丝等编织的用具，能漏水，故用来在水或汤里涝东西。这一笊篱，不知使用了多少年，底部已磨损，成了大洞，周边被铁丝捆绑加固。老物件，如同老人，都要给他们的面孔和身影留下珍贵的回忆，别太迟了。

234

短把儿漏勺

2002 年 5 月　晋南丁村

铁质。直径 20 厘米，把儿长 12 厘米。因为勺多孔，能漏水，有柄，捞东西十分方便，多用做厨房炊具。

235

山西一带村镇的水汆子

2006 年 北京

黄铜质。高 34 厘米，口径 6 厘米，底径 9 厘米。注满水，放入火炉口，近一半在炉膛内，受热面积大，不消几分钟，水大开，沏茶甚方便。这个水汆，铜壁厚实，已被炉火熏烧成黑褐色，沿口卷边和底部包层的敲制工艺，使其更为坚牢耐用，岁月让它有点里出外进的苍老，耐用，更是耐人寻味。

236

靠着廊柱的竹罩和长提竹篮

2005 年 5 月 浙江慈溪

罩，盖住饭菜以避尘杂蝇虫沾染，竹篾编制，边角和提把儿部位的紧固常以藤皮穿绑，长 68 厘米，宽 56 厘米，高 26 厘米。竹编艺人称篾匠，他们的绝活儿是手指灵活，编得快，再是编得巧，省料、均匀、打结少，三是样式美观别致，棱角分明，变化错综复杂，看上去精细，用起来结实。竹罩的主人——一位老妇告诉说，这东西用了三十来年，现在用不着了。剩饭菜放在哪儿呢？就是家家有得用的氟利昂制冷的电冰箱，至于氟利昂是什么东西，据讲它和大气臭氧层出现空洞有关系，看来，人类的不断追问，才能使文明回归于围绕自然而运行的轨道上。

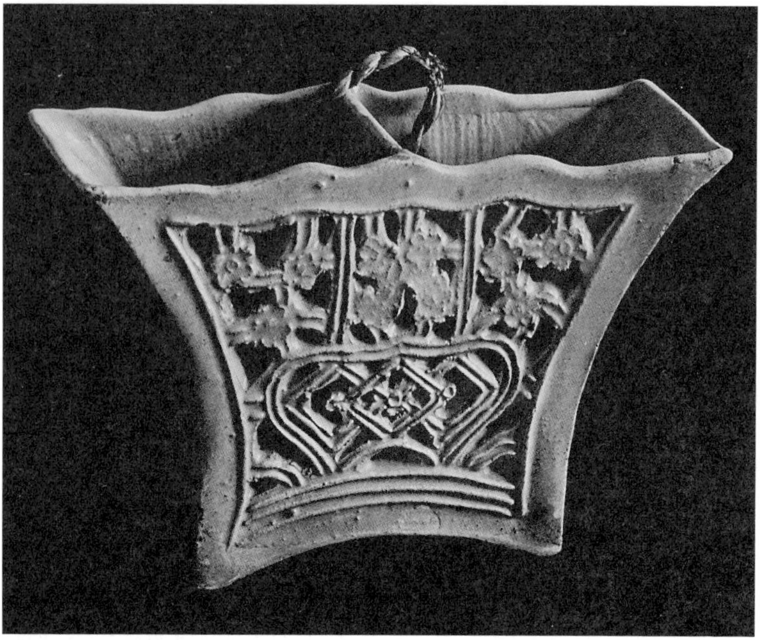

237

花盆状的筷子筒

2005 年 5 月 浙江慈溪天元镇

筒底长 13 厘米，口长 23 厘米，宽 6 厘米，高 15.5 厘米。缸瓦质涂草绿色釉，正面透雕为盆花腊梅，而整个筷子筒造型又似一个花盆，内有隔板，背部两孔系草皮绳以悬挂。此筒，系平民厨房所用，质料做工不讲究但得体。筷，是用以夹取食物的竹筋，又以快行快去的含义，故而从快声，也称筷子、筷儿。不同质料所做，称竹筷、牙筷、乌木筷、银筷等。“单拿一双老年四楞象牙镶金的筷子与刘姥姥。”（《红楼梦》四十回）其实，对刘姥姥而言，那奢华的筷子反倒不如她自家的竹筋筷又好使，又随便。

238

朱漆的酱油壶

2005 年 5 月 浙江慈溪天元镇

木质。高 25 厘米，直径 28 厘米。壶围由几块木合抱，然后，铜丝绞合分三道箍紧，又被坚小曲钉嵌住。壶上沿外圈封死，留圆孔，加盖，如此，壶内酱油不因人的提走动荡而溢出。腹围，原留有穿孔的三木，连同有穿孔的壶嘴底部，成为四提耳，系绳以提，甚方便。我怀疑那壶嘴只是配饰，原本为桶，外形做成壶的样子，可再究其上沿的盖口，若平常厨灶做菜，用以倾倒抽取，确真不便，于是仍以为那实质为壶。我不得不再次检省自己，拍摄时竟没有将手探进，摸清到底壶的嘴与身是否相通。推测至今仍是推测。遗憾一也。

239

筷子筒（方形）

2002 年 1 月　燕京爨底下村

筷子筒还在使用着，挂在屋外的门扉窗下。我原封不动就地拍摄下来。事后，再琢磨，以为那筷子筒的安放，有点学问：这一，搁置窗外，风凉透气，筷子干爽洁净；这二，说明许多时候这一家人是在庭院摆个小桌吃饭，宽敞随便。屋里呢，憋屈，天暗了点灯又费电。不同的年代不同的家境，生活方式即便在细微处也露出不同吧。

240

瓠子

2002年1月　燕京爨底下村

一年生草本植物，茎蔓生，花白色，果实细长，圆筒形，表皮淡绿色，果肉白色，可做蔬菜。乡人将果实晒干，穿铁丝悬挂，盛东西。物尽其用，乡人的智慧。

241

晾晒挂面的多孔壁樁

2002年5月 晋南丁村

三四根粗木桩被固定在墙壁上，错落打孔插棍，以晾晒挂面。挂面，当地小麦用简易压面机加工轧成，长200厘米。晾面棍，木质。长35厘米。这是在自制挂面的农户家所拍。

242

煎中药的沙罐子

2002 年 2 月 燕京斋堂镇柏峪村

由陶土和沙烧成的罐子，不易与酸或碱起化学变化，大多用来煎药（或做菜）。“以五味五谷五药养其病”，注五药“草、木、虫、石、谷也”（《周礼·天官》）。罐，高 11.5 厘米，口直径 19 厘米。

243

捕鼠器，又称耗子夹子

2001 年 11 月　燕京爨底下村

我们的创作与我们的生活分得太开，所以有了“在河里而被渴死的现象”。

阆中瓦舍

有着两千三百年历史的四川阆中，在这个镇，我们拍摄了不少难得的老物件。

那些几代人乃至上溯至更早的先民留下的生活印痕，都有意无意地刻录在了城郭断墙一砖一瓦的斑驳中，刻录在了楼台碑冢、一窗一阶的摩磨中，刻录在了庭院橱门、一罐一壶的手泽中。想要有一点我们必不可少的自知吗？就要学习虔敬又默默地注视它们，倾听它们。看懂听懂了它们的语言，也等于渐渐拥有了我们自己的语言，包括我们从何而来，往何而去，小的、缓慢的、朴实的、节俭的、自然的……，天地赐给我们的一切都是好的，没有不好的，包括苦难。趁古镇的残片还没有消解，我们尽力，将它们凝固在了胶片上。

244

俯瞰古城瓦舍

2003 年 1 月 四川阆中

阆中，位于四川盆地北部，嘉陵江中游，商代属巴方，周朝为巴国属地，战国末期曾为巴国国都。自公元前 314 年秦惠王置阆中县起，迄今已有两千三百多年的历史，是我国为数不多的至今仍保持着原名的历史文化名城。据《保宁府志》载，明嘉靖年间，阆中县城已有街道三十九条，清咸丰《阆中县志》载阆中街道达四十九条。古街古庭院得完好保存，一色砖瓦，垒成了朴素而恢弘的建筑群，古人的审美境界让现在的人惊叹。

245

瓦舍和老人

2003 年 1 月　四川阆中

夕阳，将对门的白墙青瓦染上余晖，近处，在巨大的阴影里，一个老人拄杖探望，我用胶片将他留在门口。记忆里，他永远在门口探望着。阆中的两位摄影师，陪着我走街串巷，这是我向他们指出可拍的一个画面。

246

玄色的华光楼

2003 年 1 月　四川阆中

位于城东上华街和下华街之间，《方舆胜览》云："阆州江山奇秀闻天下，直前据其会曰南楼，滕王元婴所建也。"明朝之前所称的南楼，后毁于火，重建改为镇江楼，清以来称华光楼。"其建筑之壮丽，为阆苑诸楼冠。"现存此楼，为清同治六年（1867）修造。

247

有梧桐残叶的贡院旧址

2003 年 1 月　四川阆中

据记载，清嘉庆二十二年（1817），贡院考棚年久倾倒，川北道道台黎学锦在原有基础上扩建，“另为改造高朗，东西托地数丈，座号悉易石脚而铺宽厚板片，前后门堂厅廨，焕然一新”。屋舍俨然，高出四周民房。民国初年，这里是师范讲习所。1959 年，因所谓建设需要，撤除拆毁贡院相当一部分，今只有前院号房，原状幸有保存。我们避开肆意修饰的陈杂，取其一角，取其气息而记录。

248

贡院一角

2003 年 1 月　四川阆中

白墙，灰瓦，栋梁鲜明，贡院乃文化之所，不虚也。清顺治初年，因“全川未靖”，而阆中先入版图，四川巡抚李国英驻节阆中，阆中成为四川临时省会。顺治八年（1651），四川乡试，即全省秀才考试，就在阆中。在原有考棚基础上扩充改建，成为三年一次的乡试的贡院考场，使用达十余年之久。

249

庭院窗棂的修缮

2003 年 1 月　四川阆中

民居深院，是古城阆中的一个景致。长檐遮街，从上到下，瓦当、吊檐、握挑，以及木质门窗，都有花纹雕饰，庭院中的镂空窗花，达百种以上，使内外空间敞亮，通透，精美绝伦，各显其妙，使人沉醉于艺术的清赏氛围中。这木窗正在修缮，还有干活的木梯。您，能看出古人与今人干活的区别吗?

250

巴巴寺的回族墓群

2003 年 1 月　四川阆中

回教，也称回回教，或清真教，为阿拉伯人穆罕穆德所创，原称伊斯兰，意即服从于神——真主，所奉教典为可兰经。由回纥人传入中国，故曰回教。敬重每个人，每个灵魂，哪怕他长眠地下，这就是我和高萍每到一处墓地，都要静静用心拍摄的原因。一会儿，墓碑墓墙上出现了隐隐的晖光，移动着，渐明渐暗，我们努力作业，让这晖光染刻在这里。

251

巴巴寺里的墓群

2003 年 1 月　四川阆中

登上数十级台阶，便见巴巴寺山门，门额“真一还真”，其意凸显所崇教义，如《阆中县志》卷十二《宗教志》云：“其教重修养祈祷，不事沿街宣讲，奉教者恒到堂瞻礼。”再走，西侧为伊教回族墓群，高低错落于山林中，枯叶残草散伴其中，荒疏静肃。游人穿阶而过，不看一眼，实不敢领略墓地的幽苍过清；我们慢慢拍摄，在真净中祭奠下面掩埋着的那些生命。

桶盒罐篮

252

仁德堂的笼盒

2005 年 5 月 浙江慈溪天元镇

竹筋编织，由竹片箍扎牢固，并弯叠两层做成提把儿，绞合的细藤皮将它们穿孔系住。笼盒有两层屉，放取甚便。笼盒，多有透气的隙孔，放置于通风处，夏热时日盛放食物不易腐坏。或是去集市采购蔬果鲜肉，或是到饭庄酒楼买些熟食菜肴，或是自家拿手的蒸炒送给亲朋挚友，或是吃剩的饭菜留置下顿……这样的笼盒都是处处用得着的。人，怎么少得了这个“吃”呢！一开始，这笼盒还可能只此专用，久了，到后来，它的身份也越来越多，越来越分不清，正如人一样。笼盒，高 42 厘米，直径 35 厘米。竹提把儿一侧有墨迹“仁德堂鲁力用”，也不知这个“堂”是个什么买卖字号。

253

船上用的竹器

2005 年 6 月 浙江宁海大佳何镇

这个盛食物的竹篮，系竹筋编织。盖子，以竹条做骨架，以棕毛夹垫其中，周边竹筋排织细密，与中间部分疏朗的排织对比，十分得当，也正合于使用的需要：耐久结实。篮身下部有圆阔的底座，为什么？更引人注意的，是篮的提手，两根烘弯又坚韧的竹条竟穿插过篮盖进入篮身，使得盖子与篮身，永成一体。只要盖住，无论篮身怎样躺卧滚动，里面放的东西都不会掉出来。这证实了这是“在船上用的”判断。篮的造型符合“在船上用的”特殊功能。船在水中，或划行，或停泊，颇受水浪动荡，船上器物极易躺置翻滚，有此盖身合一的器物，放心矣，方便矣。竹篮，直径 67 厘米，高 80 厘米。我们由此想到，陆地与水域有别，器物的制作亦应不同，各有所便。倘笼统地一以概之，器失其宜，民失其便，就是十分荒唐的事了。

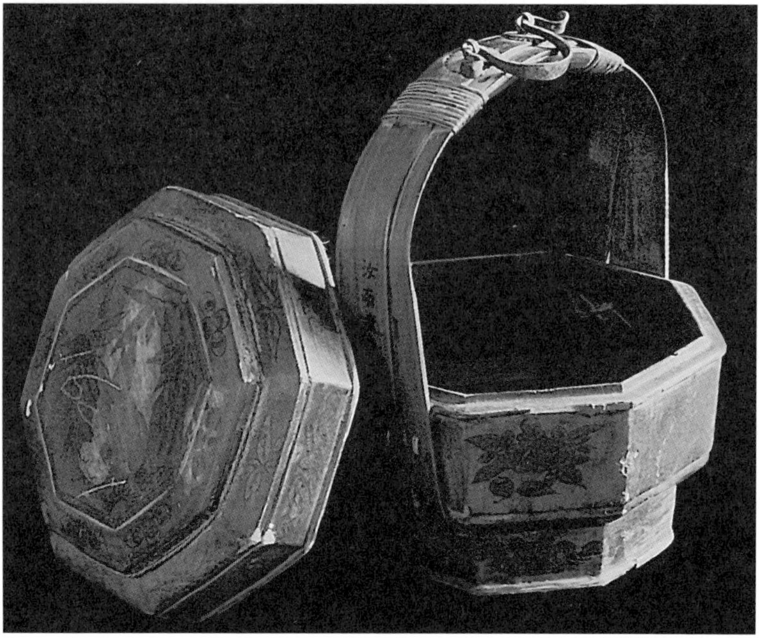

254

提梁有铜环的八角食盒

2005 年 5 月 浙江慈溪天元镇

盒，木质，提梁竹质。高 24.5 厘米，口直径 20 厘米。盒及盖的表面，涂以朱砂漆，并绘有花叶和绢带卷动笛箫的图案。提梁，由三宽竹片重叠又以细藤缠绕加固而成，顶部铆马蹄形铜环，以备手提担挑。盒不大，以担挑，会十分小巧，非粗夫鲁汉所为。梁，左右有墨漆文字“汝南遣适”“丁亥荷月”。这真能让我们想象神游，一个遣适自得、细腻享受生活的人何等快乐，他属于他自己的天性嘛。

255

有支架的食盒

2002 年 5 月 晋南丁村

木质。盒方形 40 厘米 × 40 厘米，高 24 厘米。支架方形，54 厘米 ×54 厘米，高 50 厘米。晋南一带民间，历代相沿的岁时习俗，如腊八、祭灶、春节、元宵、清明、端午、七夕、中秋等节日，各家各户备食品，献供品，以祭神明祖先，食盒就是很好的器物。

食盒，木架皆为黑色，盖上绘有红色福寿图案。

256

有提把儿的食盒

2002 年 5 月　晋南丁村

竹质。长 41 厘米，宽 24 厘米，高 39 厘米（包括提把儿）。该食盒有提把儿，分上下两层，此百年之物，虽已破旧，但在工艺制作上，选料有别，编织精巧，美观挺固，今人见之，仍不禁赞叹。

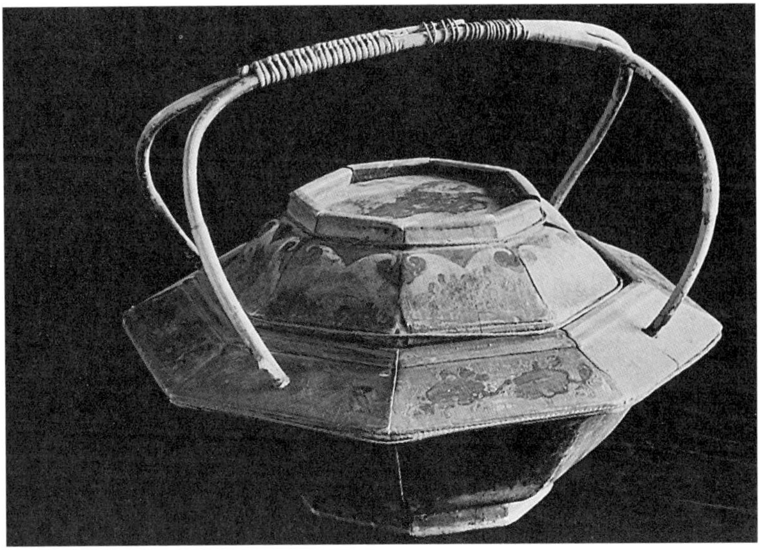

257

美的八角篮

2005 年 5 月 浙江慈溪天元镇

篮，长 30 厘米，宽 30 厘米，高 24 厘米。木质，有绞合的铁丝箍住。提把儿以两根藤条烘弯与篮身固定，上合处再夹一藤条，外用细藤皮密排缠紧。图中有一段藤皮脱落，补以铁丝，对比中你可见出原来工艺的细致微妙。整个提篮在八角的基本造型上，插入拱曲有韵的提把儿后，更透出一种正中有圆、曲中有方、凌空起架的动势，我们不能不叹服先人工匠们对自然体察而得到的美感经验，刻留在心中，刻留在与质朴日子相伴的提篮中。篮盖和篮围，隐约可见当初绘上的黑红、褐黄交配的图饰，有如意云纹、竹叶佛手等，色彩温厚，纹样古朴随意。不再详考它的年代，也不再追究它到底是用来储存东西还是盛放食物，这八角篮的神韵光彩，一下子就感动了我们，认定它渗透出的美，是我们土地上的久远文化。有了这写真摄影，你就成了亲眼见过它的人了。

258

多像一对老夫妻，那是两个柳篮

2005 年 5 月 浙江慈溪天元镇

“所有的古物都是美的，只因为它逃过时间之劫，因此成为前世的记号。”这是法国哲学家布希亚在《物体系》中指出的。“不和生活发生关系的东西就只成为了摆设，没有其纯朴的精神内涵，它的价值就改变了。”这是作家高星在《中国乡土手工艺》一书中说的。凝视眼前这对活生生的柳篮，让我们不能不想象，它被生活着的人们或挽在腰边，或揽在怀里，或提在手中，串街巷，入店铺，过院门，下厨灶……老人、小孩、还有年轻力壮的，有聚有散地在庭阶、在村边、在茅屋、在炉旁，分食、摘菜……这，哪能少得了这柳篮呢？再摸摸，柳条和麻线编织成指纹斗箕的旋状，大篮的提把儿是缠缠扭扭、坚韧厚重的竹条，小篮则是自然弯弯的藤条，我们在凝视与触摸中，感受着顺其自然的美和先人纯朴的美。

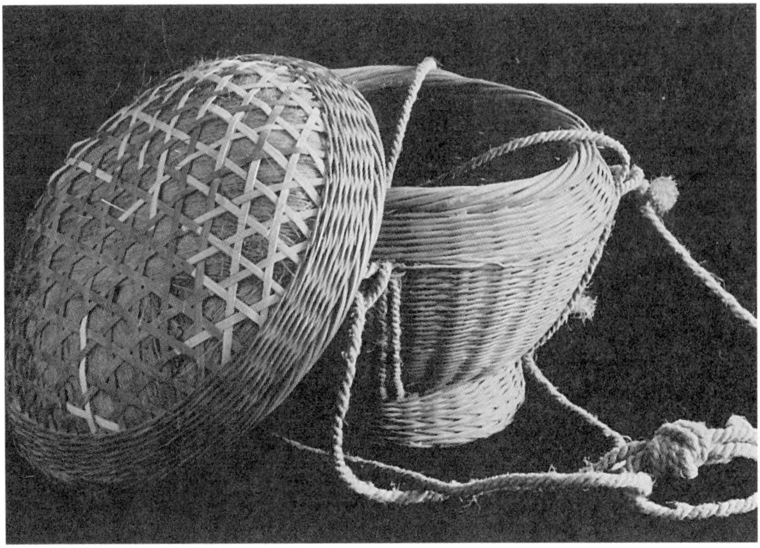

259

担饭篮，系着打结的麻绳

2005 年 5 月 浙江慈溪天元镇

篮，高 26 厘米，口直径 28 厘米。竹条、竹筋、竹篾编织。盖，有棕毛填夹层，透气又防雨水，给田头劳作之人送饭菜用此篮，就不怕途中的风雨了。女字形编织法的盖面上，后补的新竹篾十分明显。补，见出时光荏苒，见出主人真挚生活的心境，见出不知从何说起的故事。因为是担饭篮，我查了“饭”字——饭，谷类之爨熟者曰饭，“黄帝始炊谷为饭”（《汲冢周书》）。每日的定时食品称饭，如中饭、晚饭。多加餐也称饭，“廉将军虽老，尚善饭”（《史记·廉颇列传》）。能做事，又能吃，还能吃出滋味，乃人生一幸事矣。

260

吊在梁上的竹篮，一个，二个……六个

2005年5月 浙江慈溪

走廊幽暗，拍摄时只能放慢曝光速度，其实，我们早有预料，用的全是指数400度的感光胶片呢。慢了，终不能拍好竹篮，因为还有清风阵阵，悬空的篮微微摆动着。“拍成虚的也好嘛，那是我们在画面里抓住了风。”真是的！后来，片子做出来，那支底部有四个小角的篮正在弄风。六只篮子，没有一只在编织上是重样的，真像是同胞兄妹，可又各有各的脸庞儿。手工制品，由不同的艺人，采自不同的竹料，不同的巧手，不同的美思……编织了不同的“只是这一个”的老物件。高店跟街20号老院的林林总总，留给了我们那么多的兴奋和记忆。

261

担米的箩筐

2005 年 6 月 浙江宁海大佳何镇

乍一看，盖子下面是两个箩筐，稍小一点的装在稍大一点的箩筐内。再一看，不对了，它就是一个箩筐。不过，这箩筐为什么做得看上去像是两个箩筐呢？请第三次看吧，它是用两层竹篾编织，反复用双层粗厚的竹条作围架，作底架，作沿口，高低两重的沿口又以坚韧的藤条处处包实扎紧。挑担系绳的吃力处，也特别用麻绳包裹再三。盖与箩筐有两个金属套环相衔接。总之，从箩筐的里里外外，乃至掀开盖子看那盖子的衬底，我们都见出了“结实”一词地地道道的实践功夫。为什么要如此“结实”呢？这箩筐是担米的，米很重，担挑赶集做买卖，这箩筐必得处处好使，不能松，不能破，不能漏……经得住长久劳作的使用。将“结实”翻译出来，那一根根竹篾、竹条、藤绳、麻线……就是翻译中的一个个笔画。

262

老桌上暗红色的果桶

2005 年 6 月 浙江宁海大佳何镇

果桶，木质。由两铜条箍住，铜色斑驳而静厚。桶是八块大木削凿而榫铆组成；盖，一块大木削磨而成，盖中心的“滴子”是桃花状的雕刻，梭状的桃叶，环而舒之。桶围上端是两个挂叶的蟠桃，木雕隆起，移动果桶时便于提拿。江南人将一个普通的装果子的木桶，打扮成有形有味的手工艺术品，使得日常的起居饮食生活具有了一种气息：人，对于芬芳桃果细微处的特别注目；对于生动木雕造型的静静品赏；对工匠创制器物时前前后后构思的体会……从前，时间似乎是属于工匠们和使用者，他们在慢慢的、有滋有味的生活中，共同拥有了一些耐看经用的器物，而这器物产生的气息，又涵养了他们平和、细腻、淳厚的性情。

263

梁有马蹄形铁环的提桶

2005 年 5 月 浙江慈溪天元镇

木质。口直径 36 厘米，总高 36 厘米。梁上配有环，可手提可担挑。这是江浙一带生活方方面面都需要的桶，装零食点心，盛放果品、种子甚或杂什织物。红妆家具要配置齐全是少不得它的。制桶的工匠手艺，称桶作，红妆需要各种匠作，另还有小木作、漆作、篾作、铜作等等。民间对匠作师傅非常尊重，规制大些的活儿计，开工、完工时都宴请，像招待客人一般。由此想起，民国初年，我的外祖父王丹忱任北京《群强报》主笔，家住西城椿树胡同，他管在胡同用水车送水的师傅称“三哥”，甚为亲切，甚为尊重，真有古人之风啊。

264

并非一副的木桶

2005年5月 浙江慈溪天元镇

猛看，像是一副。注目之后，发现两桶并非原来的一副。其一者，提耳直，共有四穿孔，盖有嵌木；其二者，提耳微曲，共有八穿孔，盖，无嵌木。但它们规格大略相同，高23厘米，口直径26厘米。两道绞合的铁丝箍桶，天长日久，绞丝半蚀，箍处有勒磨的痕迹和积秽。那弯弯曲曲、拧结打扣的葛麻绳也甚可爱，几十年、上百年前，妻子们是否就是担提着这样的桶，为她们在田头、渡口、磨房……干活的丈夫送去茶饭，送去心思，送去热热的眼神呢？

265

双凤相鸣 木提梁果（食）盘

2005 年 5 月 浙江慈溪天元镇

这名字，仿佛是为出土的文物起的，细究，的确很接近：昨日还在用的身边的生活器物，今天就成了历史，我们掘出来阅读，岂不称“文物”？盘，尤为精彩，梁弯雕饰竟是双凤相鸣，羽叶连理，构思甚巧。整个提盘以曲线贯穿，左右围旋，上下飞动，错综缠绕，韵美存于极平凡的用器中。当今，在我们生活中这样的用器还有几件？因而我们的美感正丧失着。我，经由这静物，想象一个着葛衣的江南小姑娘，提着或挽着它，过石桥，下台阶，在铺满老石的街巷，停停走走地叫卖，那声音荡漾于灰白清朗的云幕中。

266

七圆的果盘

2003 年 1 月　四川阆中

据收藏人称为清代物件。盘，直径 31.5 厘米，厚 2 厘米，系整块硬木削凿而成。整块木头削凿！这意味着那木的直径起码要大于 31.5 厘米，不管是横剖、竖剖。该是生长了多久，才能如此的粗壮密实啊；特别是硬木质的树种，生长缓慢，需更久。拍摄多了，发现先人制作使用的老物件，多是以整木凿削斧正，浑然坚牢。把这果盘放在又是整木制成的条凳上拍摄，可看出我们对“整木”的钟爱和敬重。盘子的花饰看不清。抹了一点菜油，那大圆套小圆的空灵，花饰的蔓展充盈，一下子都出来了。

267

笸箩

2002年1月 燕京爨底下村

摆在老村长家的院里，它能用，但已不用了，改成让城里人看它，认它。笸箩，柳编。因为柳里面含有一种特殊成分，令虫子敬而远之，所以，用柳条来包装衣物或食物，用不着担心被虫蛀食。

268

双耳瓦罐

2002 年 11 月 燕京爨底下村

缸瓦质，还留有以前麻绳做的提带。如果你有神游的能力，该从这个瓦罐中倾听到一首辛苦而美丽的男耕女织的田园牧歌。

茶酒斟酌

269

棱柱体的茶壶

2003 年 1 月　四川阆中

壶，铜质。总高 14 厘米，宽 13.5 厘米。除壶体呈六棱柱，壶盖和壶嘴的曲颈亦皆成六棱柱，造型语言如此统一简约，见出那时代工匠们的审美目力，虽然我并不知那一时代究竟具体为哪一时代。壶上部有两个大的钉，位提梁左右。一则提梁自由耷落，正好耷在钉头上，不沾贴壶身，以免烫热提梁，二则取提梁时，插手方便。从一细微处，看出工艺匠人创造器物的善意与智慧，让看出者自己也熏染了善意与智慧，尽管这中间隔着几百年，一点也不打紧。

270

有凹盖的茶壶

2003 年 1 月　四川阆中

瓷质白色，壶身有树下教子的绘图，笔线流畅，物形生动，丹青敷彩，不拘凡格，朴实中见出活泼。壶嘴硬弯，颇俏美；盖凹，又有果叶凸起。壶，高 6.5 厘米，口径 11.5 厘米，底径 7.8 厘米，嘴径 0.8 厘米。以壶的容积揣测，窃以为独一人所用之饮具，即可以嘴对嘴地饮。经考古所张广立先生指点，壶系明代物件。

271

水壶

2002 年 1 月　燕京爨底下村

甲骨文壶，“壶”为象形字，“上有盖，旁有耳”，壶之像也。小篆“壶”，本意作“圆器也，腹大而有颈”，乃盛酒浆之瓦器。后来，不管怎么演变，大体不离其宗。这模样的水壶，爷爷奶奶父母和我们自己不只是见过，是都用过。它，天天坐在炉子口边，烧水，全家喝。又见它，十分亲切。我家有过铜水壶，铜很厚很厚，1949 年后不久，有个“献铜运动”，硬给献了。这幅片子所摄，是铁质的。

272

棕套

2003 年 1 月　四川阆中

给茶壶保温的。套沿的缺口，刚好露出壶嘴，严丝合缝。棕，植物称棕榈，常绿乔木，茎圆柱，无旁枝，高三丈余。叶，作掌状分裂。叶基部有毛，包于茎上，称棕毛，强韧耐水湿，适于制绳、帚、蓑衣。生暖地，以闽、粤、台者产者质佳，江南、四川亦有。文字记："蜀门多棕榈，高者十八九。"（杜甫《枯棕》）此棕套，正是用棕毛精致编制而成。高 20 厘米，上径 23 厘米，底径 19 厘米。年代未考。

273

藤编的茶壶箩

2005 年 6 月 浙江宁海大佳何镇

一个经久使用而仍旧完完整整的箩，里面放上或瓷或陶的茶壶以保暖，卯钉已染绿锈，两个脱落无着，一点也不妨碍这箩本身的精美。云纹饰的线条，半环的锁卡，由于精致，美一点一点诞生。抽象的美变得十分具体，让人可以触摸得到。藤箩的藤，指蔓生木本植物的匍匐茎或攀援茎，如白藤、紫藤、葡萄藤等，它们或生岩壁，或附高树，茎坚实强韧，可代绳，可编物。以藤茎作成藤架、藤杖，古代军用有藤甲、藤牌（盾）。藤皮可编篮、笼、席等等，以及杯、壶的外套。

274

有“倒凤闻香”雕饰的茶壶桶

2005 年 5 月 浙江慈溪天元镇

木质。底边 22.5 厘米，高 21 厘米，方棱柱体，微微仰弯。有盖，盖上压“倒凤闻香”雕饰的横闩木，穿孔并按下可滑动的小木块，桶即封闭了，保温甚好。也有桶，内壁附有棉花或鹅毛等保温夹层。谈茶，郝懿行氏谓“今‘茶’字古作‘荼’……至唐陆羽著《茶经》，始减一画作‘茶’”。春季，采其嫩叶，制作饮料，即茶叶，种子可榨油，其材坚密，可供雕刻之用，我国江南多产之。杜小山有句：“寒夜客来茶当酒，竹炉汤沸火初红。”陆游有句：“春晴闲过野僧家，邂逅诗人共晚茶。”是呀，一个茶桶，保着茶壶，茶温，引来多少陋室余香！

275

行军壶

2003 年 1 月　四川阆中

缸瓦质挂釉，盛水盛酒。四个穿鼻和壶底方孔，是系绳佩腰挂马之用，壶，圆且扁平，行军贩旅佩挂方便稳妥。再观今日部队所佩水壶，实乃此壶形之延续耳。细赏壶，纹饰洗练，细线钉凸，有大篆字，硬直，极似汉瓦当之风。高 26.5 厘米，径 21.5 厘米，厚 6 厘米，上口径 5 厘米。

276

盛茶叶的竹筒

2005 年 6 月 浙江宁海大佳何镇

高 13.5 厘米，底径 10 厘米，口径 4 厘米。此筒利用天然粗细竹茎通接而成，又借以竹板厚，深雕为“盖杯”纹饰环绕茶筒，狂放有力。竹质轻，而所制之筒有沉厚之感，此乃竹匠者自身品性所致也。从这个用竹做成的茶叶筒，让我们想到竹筒、竹箫、竹杠、竹牌、竹席、竹篮、竹帘、竹夫人（用竹皮编织的热天消暑的清凉之物，形状类似圆柱形竹筐，可拥抱，可搁脚。竹夫人内总会有两个小球，十分好玩。江南炎炎夏季，人们喜欢竹席卧身，怀抱竹夫人睡去）我们还想到“青梅竹马”、“有童儿数百，各骑竹马，道次迎拜”（《后汉书》）。甚至更想到“未知明年又在何处，岂惧竹楼之易朽乎？”（王禹偁《黄冈竹楼记》）由最具形而下的一件民俗用物，而联想驰骋于最具形而上的嬉戏无猜、诗意大境，又阔远到对时空无朽的追问，这多么让人兴奋勃扬啊。

277

锡质的茶叶筒，它的盖在下面等待着

2005 年 6 月 浙江宁海大佳何镇

筒，高 15 厘米，底直径 7 厘米。在六棱柱的基本形态中变幻着，一会儿粗，一会儿细，一会儿方，一会儿曲，如此相互交错、融合，给人以优雅、活泼、闲适的感觉。锡，金属元素之一，常温时呈青白色，熔点低，在摄氏 231 度。有光辉，富延展性。用于磨打光亮及涂覆其他金属以防锈蚀，也可制锡箔以裹合他物以防湿气浸入。锡与他金属融合而成合金，可制青铜器、马口铁、铅字铸模等，为用甚广。世界产锡以泰国最著名，马来亚、南美等也间产之。古代用锡合金做成的器物，被形容为“如金、如圭、如璧”，做成锡杖，“有神僧飞锡凌云而行”。(《高僧传》) 锡杖又称禅杖，僧人所持之手杖。“锡杖倚枯松，绳床映深竹。”(岑参《题华岩寺环公禅房》)。从一个锡制的茶叶筒，引出了这些可能一辈子也用不上的点滴知识和闲话，“无用”的妙处，恰在“无用”吧。

278

大肚的温酒壶

2003 年 1 月 四川理县桃坪

缸瓦质釉面。高 12 厘米，肚直径 11 厘米，口直径 5 厘米。在四川的小市、县城里的杂货店，今日仍能见类似之物，问店主，答："油壶。"查典籍，壶，乃盛酒浆之瓦器，茶壶，酒壶，油壶，甚而唾壶。它只不过一容器，做什么用，因人而异，广杂多变，不必深究其定名。

279

大小两壶

2003 年 1 月　四川阆中

壶，缸瓦质，大部涂釉。大者，高 17.5 厘米，肚径 11.5 厘米，口径 6.5 厘米。小者，高 6.5 厘米，肚径 4.6 厘米，口径 2.7 厘米，嘴径 0.7 厘米。此两壶的年代和具体用途，无法考定。将两个壶放置在一起，由于彼此在形状、大小、方向、前后、隐显等诸方面有了对比，有了关系，让我们产生了一种特殊的、未曾有过的感觉，这感觉随着想象进一步扩大，最终所唤起的东西，会比分别单独地放置激发出人更多的美的意识。人，要不断在这样的组合、搭配、比较和形成关系的体察中发现丰富的、生机勃勃的新东西。 我们不能做那个，但我们可以做这个。其实，这个在某一点上也连着那个。您晓得吗，我把大壶的盖，歪歪掀起一点儿的用意是什么？

280

有木塞的酒壶

2002 年 4 月 燕京爨底下村

壶，由多层坚韧的纸沾湿后黏糊厚裱，经敲打压实，再用铜油浸刷制成。高 35 厘米，宽 27 厘米，厚 16 厘米。壶口直径 4 厘米。原有双耳，后毁，以麻绳系之，便于携带。

281

三管的酒壶

2003 年 1 月　四川阆中

瓷质，据收藏人王大伦于壶旁的“说明”称，系宋明时的物件。高 18.8 厘米，腹径 9 厘米，嘴径 1 厘米。壶上，以青色勾画了闲散的持杖老叟及一小童，远处山壁高峻。壶腹外有两管孔，大约是以绳带穿其中，然后系于人身腰部，携取方便；而壶口上的三个管孔就不得而知了。半年后，偶见于书，知用于斟酒、同时用来温酒的酒器甚多，温酒为先辈所酷爱。再视壶图，认定那三个管直达底部，为温酒加热的通道。弄明白了这一点点，高萍兄竟请了我一顿——一杯啤酒一碗煮毛豆。真好。

282

羌寨的温酒壶

2003 年 1 月 四川理县桃坪

红铜质。总高 18 厘米，上直径 18 厘米，下直径 12 厘米，壶盖直径 8.5 厘米。我们住这家，姓周，和主人喝酒，就用这壶。酒是这家女主人自制的，灌满后放在饭桌边的炉上烫热，而后共酌共享，老少不分。借成都挚友陈历谋的手写推荐信来到此寨此家。这个寨家视陈为挚友，如此，使我们也受用了“挚友”般的款待。陈不在场，其热情、信誉、豁达的人品都在场，发生着影响。沉浸于“举酒属客，诵明月之诗”的亲切笑语中，我知道了，做人，历谋做得不错。

283

酒葫芦 酒提

2001 年 11 月 燕京爨底下村

身心自由的地方，才是我的家园。这样的酒提，我们还真见过。小时，住在胡同，父亲下班回来，看到母亲做了几道可口小菜，总是给我们一点零钱去临街的小铺打酒，店员熟练地将酒提从酒缸中水平提起，一翻转，通过漏斗注入我带去的瓶中，一滴不曾外流。酒提，竹质或木质，有大有小，也是量具，大约是一两二两的规格不等，用起来十分方便。那旁边饱满完好的酒葫芦呢，被久远时光的积淀浸成说不出是什么色彩的光润包浆。乡人赶路在外，将它或佩挂腰间，或吊钩马车上，喝两口解旅途寂寞，驱寒提神，它曾带给它的主人沉醉般的快乐。这一切，都藏在这葫芦的肚中了。我们一边拍摄，一边读解它。

284

穿着竹编外套的酒葫芦

2005年5月 浙江慈溪天元镇

葫芦何以穿上竹套？能立也，稳定也。细观，套有四耳，耳根直连底部，牢实得很，钩挂于身，随时可酌。从可爱的酒葫芦身上，我们分明看到了它主人的乐天性情。“太白一斗诗百篇，长安市上酒家眠。”（杜甫《饮中八仙歌》）“落花踏尽游何处，笑入胡姬酒肆中。”（李白《少年行》）倘没有酒，人生该不知减去多少情趣。诸葛亮有“醉之以酒而观其性”之语。这个酒葫芦的外套，底直径13厘米，高22厘米。

285

三个酒壶

2003 年 1 月　四川阆中

论造型，两个圆锥体倒接，一弧线帖靠作把儿，极简约极流畅，三个酒壶高矮肥瘦各得其所，各有性格。从众酒壶中择选哪个，怎样摆放，然后置背景，用光线，定角度……终于诞生了“气韵生动”。这，比起拍摄都来得更为重要。美术学院教授绘画，摆静物，“摆”的学问太大了。但当今师生们往往不知，不觉，结果画出的只是物，没有韵。

286

拿下盖子的温酒壶

2003 年 1 月 四川理县桃坪

铜质。最高 17.5 厘米（壶底到提梁）。壶两侧，有蝙蝠图纹相围的铸文“惬意心田，雀舌芬清”；有花纹相围的变形字符，未考据。“雀舌”指茶叶，壶原为茶壶。

287

四耳提壶

2003年1月 四川阆中

陶瓦质釉面。宋代物件。总高22厘米，底径12.5厘米，肚径15厘米，嘴径1.5厘米。壶身有卐形凸凹的图案。

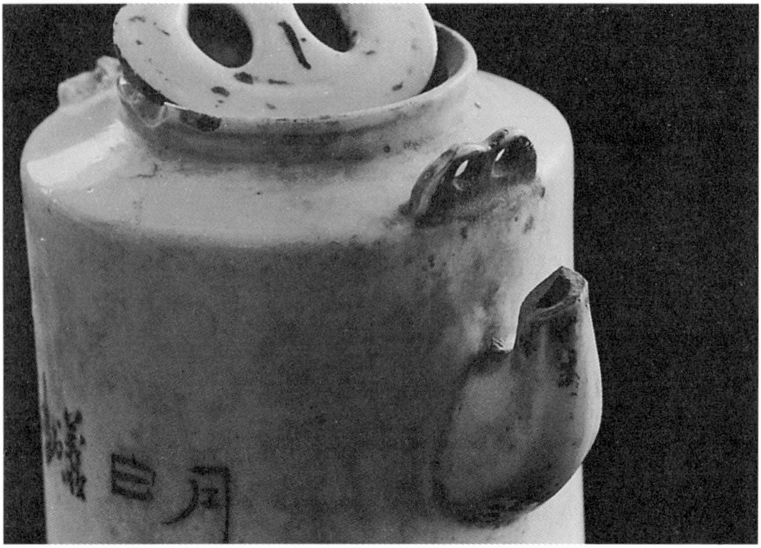

288

茶壶

2002 年 2 月 燕京斋堂镇柏峪村

高 14 厘米，直径 12 厘米。上有万顺书“月白”。白瓷，不白，似有淡云凝止；墨迹，黑而不黑，仿佛润雨洇出。时空催老，那老物的质地颗粒一天天亦在变化中，天天不知，年久才知。

289

硕把儿的藏壶

2004 年 2 月 丰盛西斜街胡同张家

壶，沿口、把儿和底座为黄铜质，腹颈为赤铜质。高 16.7 厘米，腹径 13.5 厘米。铜，色赤、有明亮光泽，富展性，虽有纯铜产出，然多为化合物，黄铜与青铜，实为铜之合金。古代以铜制成的有铜瓦、铜壶、铜鼓、铜号、铜像、铜盘等。以铜做铜器为事者称铜匠。“铁工比肩而铜工稍绝。”（江淹《铜剑赞·序》）

290

西藏的圣水壶和哈达

2006 年 北京

圣水壶，法器之一，在举行宗教仪式时所用。圣水，是对所崇拜有来历、有讲究的水的尊称，相信它可以降福、驱鬼或治病，经活佛或高僧的手指，将圣水弹洒于众生的头上。细观壶，红铜质。高 18 厘米，腹径 12 厘米。上端是可以水平旋转的盖帽，洞可注水，下沿包银，盖帽表面刻有莲花、法轮、钹铙、螺壳、焰火、果实等图纹。壶颈有草叶祥云的图纹，壶口处包银，有一圈绳纹。壶座仍是莲花图纹。壶腹空静，无图纹。整个圣水壶，形貌圣洁，浑厚凝重中有长久抚摸后留下的润泽之光。哈达，是藏族表示敬意和祝贺用的长条丝巾和纱巾，多为白色，偶有黄、蓝等色。

291

藏文的刻版和一只铜壶

2006 年 北京

画面上的藏文印版，甚沉重，为匠人手工实木所雕。大块印版，长 31 厘米，宽 21 厘米，厚 3.5 厘米。小块印版，长 16 厘米，宽 15 厘米，厚 3 厘米，背部有刻匠所留标记印纹和填补版裂的木楔。壶，黄铜质，体身布满圆线和四散的点状图纹，极简洁古朴神秘，究竟喻义什么，不知道。西藏铜器据传有两千余年历史，藏民生活中的火炉、锅、瓢、盆、壶、缸、刀鞘、鞍饰、桶箍，以及佛像、供器、建筑物的许多器物上的装饰，均以手工敲锻制作。此壶，高 13 厘米，腹径 14 厘米，把儿宽 3 厘米。

292

俄国军工锅

2004 年 2 月 北京丰盛西斜街胡同张家

赤铜。口径 15 厘米，底径 17 厘米，高 13.5 厘米。收藏者称从秦皇岛昌黎所获。锅，呈桶状，底径大。便于受热。便于放置；口径稍小，汤水动荡时不易溢流。铜把儿，呈半圆，躺倒后正合锅口的沿，不占空间，固定把儿的轴耳，厚紧牢实。我们能否从这口锅而见出俄罗斯人的性格呢？即使那仅仅是支军队，是个军人使用的锅子。侵华者？援华者？迁徙者？……我们不清楚，政治，在这里忽然失去了作用。

293

烧水壶和一块土布

2006 年　北京

壶，紫铜质。高 26 厘米，腹径 14.5 厘米，维吾尔族平民烧开水所用。壶把儿，非原配，是后来从另外的器物上移来铆上的。1986 年我与朋友周京西北之行，经喀什土巷，见一女孩摆地摊卖花布，身边放着这个水壶，古旧歪斜，颇有意味。问她，是她祖上用过和现在她正在用的。我说："卖给我吧。"不允。"也买你的花布。多买些，也不划价，怎么样？你赚的钱再买二三个新的水壶也够了。"女孩应允，我就这样把这个水壶带回了北京。每细观，总能察觉出一些东西：凡几代人使用后的物件，大约都留下了或多或少，或这样或那样，人与时光掺和的痕迹。

294

釉面斑驳的倒流壶

2006年 北京

倒流壶，酒器也。缸瓦质。高13厘米，腹径7.5厘米。壶，上头没有进酒的口啊？对了，请翻转此壶看壶底，有口，并且这口，是个直通壶内尖顶的一个管口，酒就是从这口注进去的。管的尽头有可溢的孔洞让酒充满到壶的腹部。只不过，倒注时，要适当堵住壶嘴罢了。一旦注满，再将壶倒转回来，您就可以和朋友斟酌小饮，共享其妙了。别人，猛见那壶只有出口无进口，却又能倾酒如泉，一定十分惊奇。那时，其中的乐趣和您透露奥秘的玩味就可想而知了。在中国古老的酒具中，倒流壶还不是极少见，只要留心，能见着。

295

钟记水壶

2006 年　内蒙古塞外老街

红铜质。高 20 厘米，腹径 13 厘米。结构同火锅，腹下部有气洞，有栅屉，置炭火，中央有炉，向上延伸为拔火囱，使壶中的水汤沸腾，甚或可以把肉片、蔬菜放汤里，随煮随吃。倘注入的不是水，而是酒，可作温酒壶，在旅途野外，或店堂陋室使用，便利、有趣。壶盖，配有曲折状提耳，曲折，增大了和冷空气接触的面积，掀盖时不会有灼热之感。我们最初以为曲折似云朵似漫烟的纹样只是装饰，其实，工匠做的是基本功能上的心思，同时，也周到地考虑了造型的美。壶身焊椭圆铜牌凸字标识："钟记 · 炳森荣造 · 成都东御街一七五号。"明明是百年前四川工匠制作的器物，几经辗转，不知过了多少年，竟流落到内蒙古，摆放在了旧货摊上，由无主，有主，又无主……

296

钟记水壶（局部）

2006 年　内蒙古塞外老街

壶身铜牌凸起的标识：“钟记 · 炳森荣造 · 成都东御街一七五号。”大约可判断，最短也是清末民国时的物件，新中国成立后不久，私营的作坊被取消了。这铜匠师傅姓钟，名炳森。能锻铜造壶，有信誉，有字号，是荣幸之事。东御街，不知还有没有这街了，让成都人来考证吧。

阿坝藏居

四川阿坝木城沟是藏民居住区，石头堆成房，房前房后是成堆的柴火。

我们造访了几家人，喝了咸味的马茶，吃了放腊肉的拉条子，拍了三十来幅农具和沟景，在黄昏时分离开。这里虽然离大城市很远了，但白色的塑料污染，已侵入山沟，在古木草丛和土径边，或高挂，或散落，或飘飞……我们拍摄时尽量避开这污染，构成一个纯朴的理想世界。但我们怎能避开严酷的现实呢？逃脱与投入，都让自己为难和心痛。

还是让读者阅读经我们选择、认定和希望的那些画面吧。

297

村落的通道

2003 年 1 月 阿坝藏区木城沟

从羌寨又深入到木城沟的藏族居住区，沿着流淌的岷江。河床，布满了石头，江水被乱石所阻，浪花飞溅，又伴着水石相击之声，极像是江河唱歌与舞蹈，极富生命活力。噢，这源于互动、互激的内在原因。我和我的伙伴高萍在这阴暗投影中拍摄，才见出那屋舍的强烈光感。

298

门前的柴垛

2003 年 1 月 阿坝藏区木城沟

走进村落，两旁几乎被断木和劈成柴的垛垛所占据。藏人靠什么取暖、做饭？就靠这个。人与树，树与人，相依为命吗？几千年来也许达到平衡。只是现在，那不平衡渐渐露出端倪，周围的山野、树，的确少了，或者说，人们向它索取得过多了，超出了它负载的能力。

299

窗

2003 年 1 月 阿坝藏区木城沟

面对石头砌成的厚壁和深凹的窗洞，我拍摄时用减弱曝光时间的方法，让洗印出来的片子光亮处浑然坚实，有肌理斑驳丰富的存在感。暗部投影呢，变得极浓重深幽，近于黑。画面，倘没有相当面积较为透彻的黑，不足以支撑我所追求的、被自己称作“力度”的那个东西。

300

门前的柴垛

2003 年 1 月 阿坝藏区木城沟

树被砍伐，成柴垛，堆于屋前巷尾，庞然高耸，木香沁人，断干参差。你行走其间，仍像行走于密林野莽之中，陌生，惊叹，兴奋不已。

301

小木房

2003年1月 阿坝藏区木城沟

在石头堆垒的峭峻墙壁上，探出了有雨搭的小木房，很美，我们摄下了它。当接近它直下的丛石斑杂的地面，发现积着人的粪便，才知道那小木房是藏民的私厕。多美的厕！

302

石楼的露台

2003 年 1 月 阿坝藏区木城沟

有露台，可以远望，望见旷野山峦，日月星辰，风霜雨雪……远望，不是对屋子里那日常琐碎现实生活的一种超越吗？不是渴求理想渴求胸襟的一种象征吗？人，需要有露台；倘没有露台，你也要创造一个类似露台的东西——它照样可以让你远望。

柴门闭户

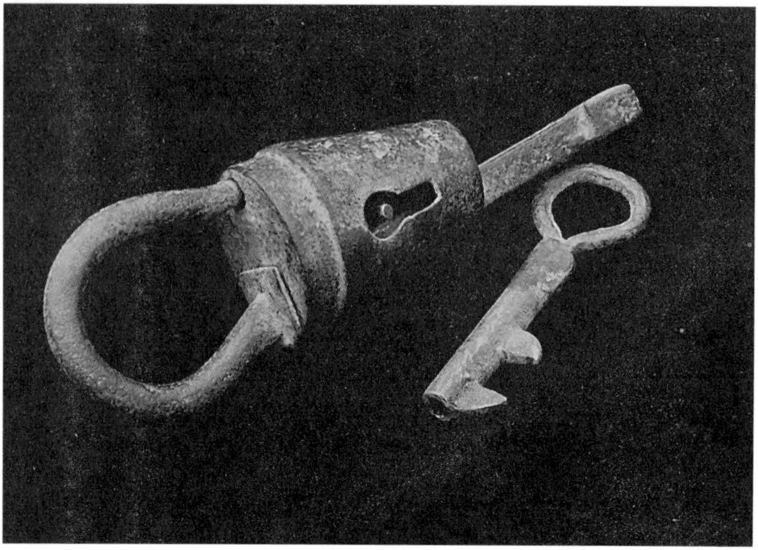

303

一把钥匙一把锁

2002 年 4 月 燕京爨底下村

锁，铁质，近锥形。总长 11.5 厘米，最大直径 3 厘米。据乡人告之，这类铁锁前清时代在农村已多有使用。 2002 年 4 月的爨底下之行，多亏张冠生先生和他的朋友热情相助，开了介绍信，又驾车亲往，为我们的拍摄疏通关系，才算有了又一批爨底下的“物语三千”。作为人类学家费孝通先生的助手、知名的作家，张冠生先生受费老精神熏陶多年。从他对“物语三千”的关注和支持中，我们感受到——他真是在大师身边用心学习过的人。

304

姓宋的铁锁钥

2006 年 北京

这把老锁钥，是朋友史建全在十几年前送我的。锁，长 20 厘米，钥，长 18 厘米。锁钥，开闭门户之具，乃门锁与钥匙的合称。凡掩闭门、柜、橱、箱、匣等，皆用之，又有鱼锁之称。鱼和锁有什么关联呢？“门钥必以鱼者，取其不瞑目守夜之义。”(《芝田录》)这锁内的簧板上，刻有“宋”一字，或许是姓宋的主人请铁匠打制时凿上的，也许，就是工匠自己的姓，留个手艺的标记。

305

钥匙和分开的锁

2002 年 4 月　燕京爨底下村

锁，铁质。长 7.5 厘米，高 5.5 厘米，厚 4 厘米。为了清晰记录老物件的精微细末，以手上最简陋的器材，我们将镜头的光圈尽量减小，以扩大“物”的景深范围；为了使画面集中展现出老物件的造型、色彩，我们以黑丝绒为衬布。取“物件”而舍一切。为了体现老物件的古朴、久远和固有的色润，我们拒绝使用强光、色光、人工辅助光。只凭借刚好适合的灰色天光，并且将曝光指数降低 1—2 档……老物件染上的人性光芒，一直是我们虔敬的，并视为不可超越的一条界线。强调厚重，使暗部层次丧失了一定的丰富性，事后看去，成为一个缺憾。其实，为了表现人对“物件”的亲切凝视，是可以在某些暗部补一些人工微光的。

306

锁链

2001 年 11 月　燕京爨底下村

被它吸引，却至今解析不出原因。物体质朴？色彩古厚？光影强劲？……是，又不是。大约那是一种整体的纤毫不染的风格，让我们心动心仪。这是许多种锁链中的一种，又是这种锁链中普通的一把。谁会将它放在眼里？可它似乎烙印着两个字：安全。它在家，安置在门、柜上、抽屉、箱子的开合处，锁着物质的财富，有时，更锁着精神的财富——那些他内心的依靠、寄托和秘密。我们在村里姓韩人家的引领下，沿着由断石铺设的石阶缓缓而上，一座小院，一道栅栏，锁链静静地悬在栅栏与木柱上，它们是那么和谐。几十年了，锁与链如此地依偎着、相伴着。锁，还有另外的一种称呼：铁将军。

307

有投影的铃铛

2003 年 1 月　四川理县桃坪

铜质。高 5.5 厘米，直径 4 厘米。原来是系在谁的身上？是小孩，还是牛羊？记得齐白石有印《佩铃人》，其自注："余幼时尝牧牛，祖母令佩以铃。谓曰：日夕未归，则吾倚门，闻铃声则吾为炊。"每读至此，暖我心田，铃的背后竟深藏着那么深的慈爱和眷念。正如此，我们将铃，这个羌寨村落的小铜铃，挂在木板墙上，拍成了这个样子，让你爱它。

308

铃铛

2001 年 11 月 燕京爨底下村

常常摇头质疑，时时活泼发声。主人说，那原是骆驼自己戴的。以前，经常有西北进京经商的马队驼队路过这里，时不时可以听到驼铃的响声。山上至今也还残留着原始的马道，有石径，有土径，断断续续。现在，驼队消逝了，那系在骆驼上的铃铛，散落村中，被乡人挂在棚门的背面，只要门被推动，木槌碰撞铁皮桶的声音响起，好像又回到了那久远的感觉中。

309

门环

2001 年 11 月　燕京爨底下村

成对成双的，开开合合，出出进进，推推拉拉。敲敲打打，时光流逝着，生命磨损着，也繁衍着，无论是人是物，相互都刻上了年轮。

310

铺首——门上衔环者

2002 年 5 月　晋南丁村

木门，由铁质图案装饰。衔环兽头 6.6 厘米 ×5.7 厘米。环直径 15 厘米。门栓长 26 厘米，宽 4 厘米，厚 1.8 厘米。铺，本意作“箸门铺兽”解。乃附着门上，略似螺形而衔环之金属物，故从金。又以“甫”为男子美称，因有美好意；铺为高贵门第之美饰，故从甫声，一般作兽及龟、龙、蛇等头部以衔环。此门装饰，已显繁复，富贵家常有之。富而不骄，贵而从简，由贫贱翻身达富贵后，仍不骄从简，难矣。品性，正由此看出。

311

有兽头装饰的门栓

2002 年 5 月　晋南丁村

铁质，表面呈锈色。

312

老门的门环、门栓

2002年5月 晋南丁村

门环的错动，是门或框错位导致，甚或可能是地面的微微沉降导致，一切皆在日复一日的看不见的变动中。厚沉的铁钉脱落了，厚沉的铁板蚀损了，上面低凹的条纹消逝得快看不见了……条纹在渐渐模糊，你的眼睛呢？也在渐渐地模糊着，有一天，你真的就老眼昏花了。但，千万别忘了，“眼”，“昏花”，正应该是你心眼澄澈敏锐的时候，正是你最精进和洞察秋毫的时候，正是你蓦然回首找到——眼睛好而看不见——那个好东西的时候。人，一生极重要的，是培养自己的眼力——洞见的识力。

313

老门上的铁活儿

2002年1月 河南朱仙镇腰铺(村)

厚重的铁板，硕大的铁钉，粗壮的闩棍……这就是古镇附近古村落的门，它属于中州。

314

铁门钹

2005 年 6 月 浙江宁海前童村

这对门钹的铁环下沿处，门上设花状铁页，中心有多面体的铁帽儿突起。环与铁帽儿突起相击，金属锵锵有声，甚响亮，有人在敲门呢。门钹，就是门板上钉着为叫门用的金属构件，最常见的形式是钹形，也有做成兽面的。钹的本义，是指一种打击乐器，金属铜片中间突起成半球状，正中有孔，可以穿绸条布带，两片合起来拍打发声。后来，借钹之形、之声演化成用于敲门的门钹了。细看，我们由明白一点又陷入了不明白：左侧门钹有一个小的“护罩”，而右侧没有。右侧门钹的环下叩击的花状铁页是凸起的，而左侧环下的铁页是平平的。更不明白的是，那右侧铁页凸起的下边，又穿钉了一个平平的花形铁页，为何？“世上本无事，庸人自扰之。”也许，我们是庸人？量了量铁环的直径，15 厘米。

315

院门的粗木别手

2003年1月 阿坝藏区木城沟

这是朝内的一面。这种开关显然没有真要自守门户的意思，因为，外面来的人，只要想开，就能开开。的确是一个门不闭户的古老村落。

童叟坐拥

316

棕麻绳编织成绷面的木椅

2005 年 6 月 浙江宁海大佳何镇

为什么拍它？它，简约，大器，质朴中又有一点俊秀。我们借用了旁边一扇坚实厚重的门，包括门上的铁栓和铁环，这些都更能衬出这把木椅的品性。苏轼有句：“愿君如此木，凛凛傲霜雪。斫为君倚几，滑净不容削。”此诗和眼前的椅映照起来，蛮对头的。量一量，椅宽 36 厘米，高 110 厘米。

317

隔扇门和一把藤椅

2003 年 1 月　四川阆中

将一扇门打开到这个角度，知道构成画面的条件具备了。光，投影，物体的质感，该凸现出来的，该凹隐下去的，都交错而停当，这一瞬，揿动了镜头的快门。 古庭院的清寂和庄穆，是我所向往的，我在记录我的向往。

318

廊下的旧藤椅

2003 年 1 月　四川阆中

看到的，是椅，更该看到的，该是和椅生活了一辈子的那个老人。

一个扶手，断了，藤筋还颤颤地连着，更像那个老人。

拍摄藤椅，主要线条向左上方斜去，有失平衡，我截取暗重的古老立柱和石础，挡住向左上斜去的线，一下子，获得了动的平衡。

319

屋内的一把矮椅

2002 年 1 月 河南朱仙镇赵庄(村)

进屋以后，除了它坐落其中，就只有两把木掀靠在墙角，别无他物。内屋有土炕，三四床破被褥乱堆一起。院子有灶台的小厨房，没有洗刷的饭碗六七个，剩着半碗菜汤半口饭，东倒西歪于灶台上下……是贫困？慵懒？麻木？还是其他什么导致这种状况？我转身关上门，留一道光线给了这把矮椅。等走出院门，十几位住家的乡人靠着土墙正在晒太阳。我的思绪又纷乱起来。

320

凳子

2001 年 11 月 燕京爨底下村

太阳西沉，沉到山背后。只有天光，微弱地笼罩在一高一矮的凳上。这微弱，倒是极恰当的，不多也不少，正合于摄影胶片的宽容度。惯常，我们都贪多了，结果，弄出的片子缺少细微的关照。

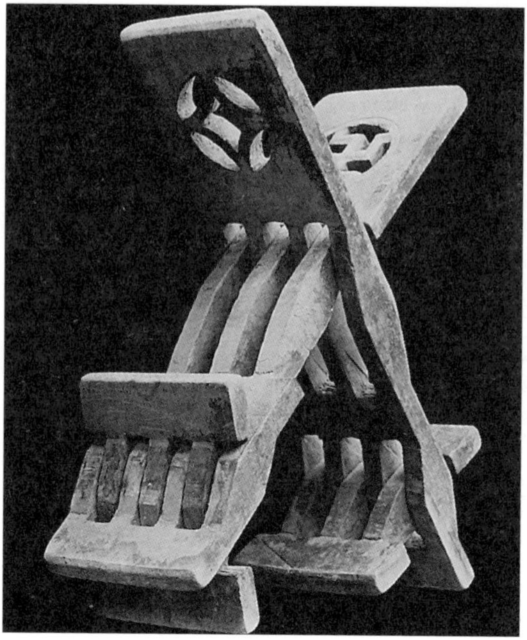

321

马扎

2002 年 2 月 燕京斋堂镇柏峪村

长 38 厘米，宽 13 厘米。一种小型坐具。一般的马扎，腿交叉，上面绷厚帆布或棕麻绳，可以合拢，便于携带。这个马扎不一般，除了可以调节高度，腿脚坐姿舒服外，扎板上还透雕有福寿财禄的符号装饰——让你坐在“享受”上。好在此马扎全用木制，讲究一些，但很结实，能长久使用。再补充一句，这马扎，竟是整整一块大木削凿雕琢而成的，连环套插，不用一点铁轴钉铆。

322

摇篮和摇架

2005 年 5 月 浙江慈溪天元镇

摇篮，真是个篮子啊，竹藤编织、椭圆半球状，宛如一个安逸舒适的蛋壳。靠着摇架最下面着地的曲木，母亲的手轻轻推动着篮子左右摇起来，摇啊摇，婴儿那无忧无虑的快乐，让多少大人享受着无言的幸福。谁快乐？谁幸福？作家海明威，晚年曾费尽周折去寻找自己婴孩时睡过的摇篮。我当时读到这文字，不甚明白；但当我到了花甲之年，渐渐品出了一些心思和情怀。摇篮，是我们幼年、乃至青年时代扎根生长的土地，甚或是一种伟大的文化、艺术、运动的发源地。总之，不管我们今天如何，都要知晓，我们是从这里——这个“真实的篮子”里开始的。在老物件堆放的仓房，我与高萍拍了一个摇篮又一个摇篮，拍完了摇篮，又拍摇架，正面、侧面……我们在重温天下父母的爱意，在重温婴孩的幸福。

323

板凳

2002年1月 燕京爨底下村

硬是用铁皮、铁条、铁丝和铁钉作它的补丁，主人真是想和这板凳好好地过一辈子。

324

绍兴的婴儿竹床

2005 年 5 月 浙江慈溪天元镇

完全竹质，长 104 厘米，宽 54 厘米，高 60 厘米。床，虽老旧而无损。只用了竹，但用得精巧，用出了智慧和美感。床，什么地方粗竹作架，什么地方细竹作支，什么地方以竹板作撑，什么地方以竹签为饰为栏，一切都安排得停停当当。还有呢，床，架疏而栏密，下疏而上密，上宽而下窄，有直正，有倾斜。再有，床沿大竹光润平滑，床下竹有节有凹。该用功处极用功，该省力处极省力。我们甚至推测床沿四端的竹节，是特意为婴孩罩蚊帐设置成生根把牢的空眼。是呀，不能泛泛地称赞一个东西或一件作品，那东西或作品的美感是由一个个细节元素巧妙组成整体而产生的，不能被分析、被认知、被演绎的好作品是不存在的。一些人常常被假内行们不变的赞美词如“栩栩如生”“造型美观大方”“棒极了”“亮丽的风景线”弄得失去了自己判别事物美感的敏锐。

325

有花纹木雕的婴儿车

2005 年 5 月 浙江慈溪天元镇

见到它，兴奋得手舞足蹈了：这古老的儿车太可爱了，一下子把我们自己拉回到我们坐在这样的车里吃唱拉撒、又哭又笑、小吵小闹的婴孩时候。尽管小车遗失了两个前轮，柱头小兽缺了半个脑袋，坐板也没了……但它似乎更加可爱了。这车，谁坐过？谁推过？坐者、推者今在何方？他们还认得这车吗？会猜想这车竟流徙到这个地方么？能料到这车被拍成“老物件”而存藏于书、被很多人阅读么？……细看，婴儿站坐的车四沿，竟是个润润的圆，斜起的柱围，既是小孩的遮拦，又是大人的推把手——木匠的手艺里浸着爱心，浸着美意。图注，开始起名“童车”，一查字典，不对了。八岁以上、十九岁以下未成年男子曰童。而这车肯定是给八岁前小儿准备的。此车，长 56 厘米、宽 34 厘米，高（加推把手）62 厘米。

326

婴儿车立柱的小兽和护栏

2005 年 5 月 浙江慈溪天元镇

这是前面一幅婴儿车照片的局部放大图，小兽似乎在用尖舌头舔它玩弄的珠球。整个画面给我们惊喜的感觉——老年人年龄的婴儿车。

327

桶状的婴儿车

2005 年 5 月 浙江慈溪天元镇

是不是用婴儿坐桶改装成了婴儿车？桶内有坐板，半圆的活动盖子，做了婴孩护挡和可玩耍的台面，身后高起的曲板靠背，像一片大叶，围起来，为了婴儿的安全；靠背，也成了车的推把手。四只木轮和轴条尚好。这婴儿车，木质厚实，整个造型圆圆润润，唯一的图案是古代传统纹饰，浅雕刻而成。车，长 55 厘米，宽 40 厘米，高 85 厘米（包括靠背）。我们此次在浙江寻到了那么多的婴儿摇篮、婴儿车、婴儿坐桶、婴儿竹床……之后，想到这样一个可笑的问题：婴儿最初的生命活动期或在床、或在车、或在桶、或在篮、或在……这不同的小小处境会影响到将来他们的意识、性情、习惯吗？享受和没有享受过摇篮摇床的婴儿，后来认识世界时会有一样的感觉吗？我不知道了。

328

给婴孩准备的站桶

2005 年 5 月 浙江慈溪天元镇

在大人谋生干活儿的时候，婴孩被放置在这样的桶里站着，大人心细点，再给他一件什么玩具，让他站着，还能玩。桶的中下部有结实的抽屉，屉的板隙漏尿不成问题。婴孩的双脚是踩在屉板上而不是地上，所以暖和干燥。桶的沿口为厚木所箍裹，圆浑，不会磨伤柔嫩的肌肤。这木质铁箍的站桶，挺结实。父母首先想到的是婴孩的安全，但是，这桶，恐怕也是父母对所生之子一种无奈的禁锢吧。他们何尝不愿意放下手中的活儿去抱抱亲亲可爱的宝宝呢？而宝宝又何尝不想活动活动自己的脚，奔向父母，奔向好奇的地方呢？无奈的桶，高 78 厘米，口直径 38 厘米，底直径 75 厘米。

329

高脚的婴儿椅

2005 年 6 月 浙江宁海大佳何镇

这椅子多奇怪，又多可爱！没见过呀！直觉“可爱”，关照我们一下子认出，这是给婴孩专坐的椅子。的确，婴孩生活和玩耍的物件，都渗透着可爱的气息，不是吗？仔细抚摸这椅子，靠背是藤皮编织的，光亮、温润又富弹性，虽然左上角有些残破，但已用心补过，婴儿的娇嫩后背，靠着它，又松软，又透凉。扶手呢，是下弯而光滑，也结实。扶手前，是个有边框凸起的小桌子一样的台面，可放些吃的玩的，让坐着的婴儿别闲着，否则他该哭闹了。请注意，这台面竟是活动的，它的轴固定在靠背的立柱上，不用时，可将台面小桌翻到背后，又方便又灵巧。再接着摸摸，坐垫是细藤纤维密密编织，平腻柔韧极了，放上小屁股，宛若放在大人的肌肤上。掀动一下，这座垫竟也是活动的，可随时卸下，噢！万一婴儿尿尿了，湿了，不是可以将坐垫拿去晒干吗？再往下看，椅子的前立柱上，横着一块有云纹、稍宽的板板，那肯定是婴儿放脚的踏踏了。什么都不用说了，说，在这里成了多余。创制这把椅子的工匠师傅，他，是一个多么爱孩子的师傅啊。即使他没有孩子，他也是个好父亲。爱心，就这样一点一滴地融在了技艺里。倘谁说技艺与情感没有干系，我会拿这个例子反驳他。对了，还有一个问题，椅子为什么做成了高脚的？“平视，让婴儿从人生的开始就平等地看世界。”我无知地抢先回答了。量了一量，椅高 105 厘米。

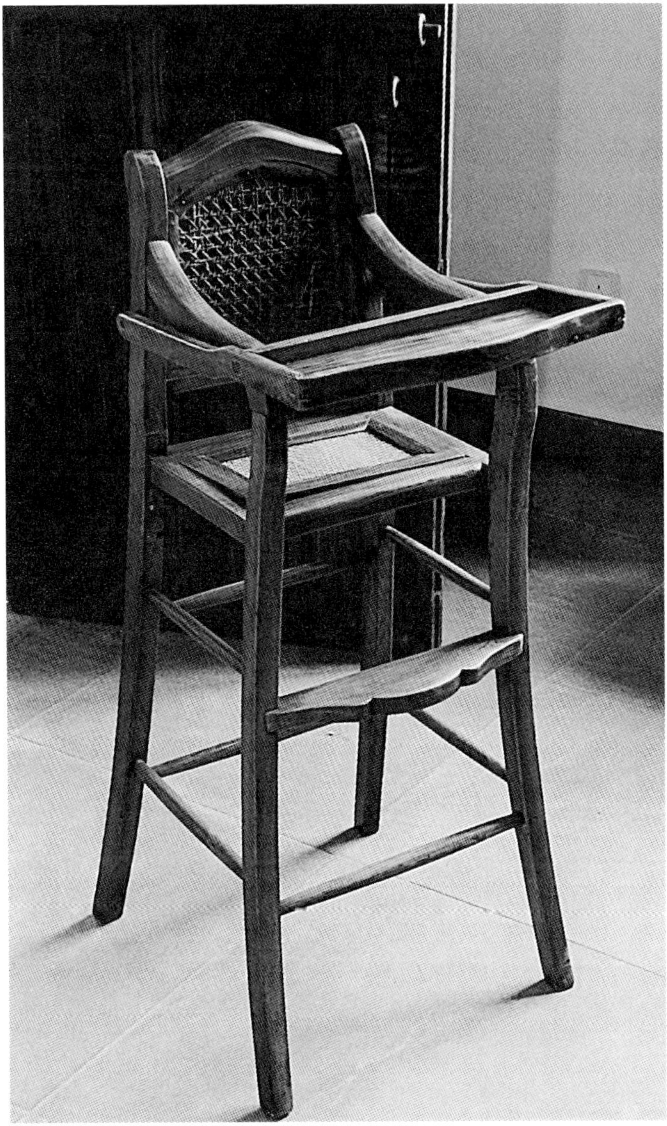

330

红色木柜上的铜活儿

2001 年 11 月 燕京爨底下村

铜活儿上的油垢都让我觉得好得不得了。岁岁月月，开开合合，擦擦抹抹，烟熏火燎……成了如此浑厚耐看的老物件。穿鼻儿下面拉动柜门的铜片，称秋叶。秋叶，像是做铜活儿的工匠师傅为自己心爱的女儿取的名字。您想，那呕心沥血几十年练就出的手艺，不正像自己女儿一样弥足珍贵吗？

331

廊檩下搁置的长竹竿

2005 年 5 月 浙江鸣鹤镇

竿长约 3—4 米，修剪圆润，晾晒被褥、衣裤所用。沿河两边的老屋，大都有斜坡一样的廊，甚宽绰，下雨、日晒自不必发愁，这廊又挡雨，又遮阳，就像走在有林荫的街上。这廊，是江南乡镇民居的一个创造。又由于雨水多、潮湿，晾晒衣物就是一项基本的生活劳作，所以这长竹竿几乎是家家必备，永在人们的视线之中。

332

一捆竹竿

2005 年 5 月 浙江慈溪

廊道，黄昏的光抹在晾晒衣物的一捆竹竿上，抹在老门上，更淡淡地抹在了石板铺的地上……我和高萍拍摄完，要离开这老院，禁不住又停下来，再看上几眼这幽暗中的光辉，这一瞬，真是享受啊。

333

有独木梯的阳台

2003 年 1 月 阿坝藏区木城沟

从这个独木梯的侧面，可以看清，它是剖成一半的原木削凿而成；原始，但坚实耐用，也似乎在训练着人的攀登、平衡的能力。房梁上挂着一把带鞘的藏刀，无言地告诉您这里是藏族村落。我们在这家，喝了放盐的茶（他们称马茶，常喝，可延年），吃了一顿和腊肉煮在一起的面条汤，拍了十几幅老物件的片子。

流水人家

2005年5月底6月初，基于民盟几位朋友的鼎力协助，我和助手高萍前往浙江慈溪、宁海前童，有了一次急促而细密地拍摄老物件老民居的工作之旅。说急促，指时间短暂；说细密，指不放过任何一个见过的感动。尽管，这只是开始，但已经有了厚实的意味。在产生了独特的吴越文化的土地上，我们有幸捡拾了几个纹质还算清晰的碎片。

334

流水人家

2005年6月 浙江宁海前童村

前童古村落白墙黛瓦连成一片，又起起伏伏，白溪水以八卦图形缘渠入村，家家连着小桥流水，户户通着卵石曲径。一些巷弄常伴随着几丈大小的空地，人们可以在此自在地休憩。村子经历了七百多年的沧桑世事，有儒学大家方孝孺在此教学著书的渊源，有地理学家徐霞客到此勘察游览的影响……这里仍存留着古人的纯朴之风，老人们继续讲述着自己村落的故事，什么“濠公引水”呀，“霞客斗虎”、“汪娥孝母”呀，等等。我和高萍，还有陪同的画家陈先生在陌巷深院里瞧这问那，拍拍照照，村里人见之都会心一笑，欣然作答，老人还放下手中的活儿，从内屋搬出木凳邀我们坐坐。

335

古巷回折

2005 年 6 月 浙江宁海前童村

进前童村口，顺着溪石铺就的小径，自然而然会把你带向回折四通的巷陌，带向各有风致的老宅院。宅院，这儿称作“道地”。前童，村东有塔山，村西有鹿山，梁皇溪环村而绕，与百溪汇于村东，流至三门湾。这里，青山与溪水相映成趣，让人不得不感叹：此真乃风水宝地。我们走在历史的古道上、古屋间，从墙壁囱孔中冒出厨灶的烟气，我不由想到“墟里上孤烟”的诗句，眼前这一切多么好，多么让人放心啊。是的，作诗，吟诗，甚或想起诗，正诞生于人的悠闲与沉寂。我们体贴、挑选、品赏着入画的意境，因为可看的风景、景致与“入画”的要求是不大一样的。

336

小桥流水人家

2005 年 6 月 浙江宁海前童村

什么是“小桥流水人家”？这就是。前童，是宁海的大村、古村，两千户人家，七百年历史，童姓先祖把白溪水引进村庄，家家户户沿水而建，门前屋后流水潺潺，人们洗菜、涤衣，一幅乡居风物的古画就在眼前。什么是“七百年”？还认得出小石桥原来的本色吗？很难了，它已经斑驳不堪。两个柱头没有了，延向卵石路的那截子云状桥头，已各自拐了弯，堵上了大石。所有的石头，大的、小的、方的、卵的、自然的、雕琢的、都被时间磨去了棱角。石子路蜿蜒曲折，古村居民的房屋鳞次栉比，我们抚摸着院落里弄的石臼、水槽、古井，流连着溪边石上的青苔和晾晒的草药茎块，觉得，这古是美的，这老是美的，还觉得，古人是美的，老人也是美的。

337

从二道门槛望后院落

2005 年 6 月 浙江宁海前童村

二道门的地面，是一米来长、半米多宽整块整块的条石铺就；墙上砌着起伏有致的框纹，门边堆放着老砖、酒坛、石磨和其他硕大的老石。豁然开朗的后院，平地漫砖的缝隙中冒出的小草和砖面上的青苔，染抹了一片淡淡的绿色。抬眼，那两层住户的阁楼，静谧素朴，雕窗精美，廊柱敦实，有竹丫支撑着洗晾的布衣。暗处的中堂，隐隐看到木桌和闲置的几根木材，鸡在爬上爬下地踩蛋……浙江的民居风格，五匠之乡的身影，不正是从这点点滴滴细节中显现出来的吗？在这块昔日繁华的家族群落的宝地上，诞生了“若峰晓日”、“双溪钩月”、“石镜寒泉”、“学士桥柳”、“石泻龙吟”、“梁山鹤唳”等等韵味不尽的景致，也就不奇怪了。

338

门边有水缸的人家

2005 年 5 月 浙江慈溪

很静。水缸稍倾，没有盖子，但里面的水很净。砖墙斑驳，瓦片层层，这让我想到简单的生活，我对“简单”情有独钟。

343

虞氏故里的楼梯扶手

2005 年 5 月 浙江慈溪

在半明半暗、忽亮忽黑的楼道里寻觅，想寻出虞洽卿一手策划筹建天叙堂的心思，我们被那变幻和凸现的建筑中的线条、体块、色彩震惊。纯白纯白的天空，把高窗剪成十字架，投进的微光把扶梯染成紫铜色，成了件精雕细刻的锻铜作品。整个画面凝重，又透出几丝可供抚摸的神奇，几小块方方的白又冲破了凝重。我们是在发现美的视觉活动中，培养着视觉的成熟。

344

虞氏故里梁栋斗拱的木雕

2005年5月 浙江慈溪龙山镇山下村

在“文革”浩劫中虽部分有所损坏，仍掩不住从前建造这宅院时精雕细琢的用工、用心。简洁的檀条，正好衬托了那繁杂、别致雕纹的斗拱造型，这正是设计上疏密、简繁的一种对比方法。

345

虞氏故里——隔窗而望那波涌重叠的瓦顶

2005 年 5 月 浙江慈溪龙山镇山下村

虞洽卿组建的四明银行和宁绍轮船公司一成立，即遭到外商排挤。为了不使其受挫，他又组织了宁波同乡会、航运维持会，用极有限的经费来资助其经营。三年后，虞洽卿独资创办了三北轮船公司，并在此基础上，又先后创办了宁兴轮船公司和鸿安轮船公司，为发展中国的水上航运做出了贡献。倘没有这次旅途中意外地绕道，我们哪里知道，中国竟还有这样一位闻名一时的商业巨子，一位对这方土地有功劳的爱国闻人呢。

学闲游戏

346

椅子上的《诗经》、《大学》、《命里玄关》线装读本

2003 年 1 月 四川阆中

《大学》读本的首页，是至圣先师孔子像，注有“唐吴道子画 寒松阁藏本”。读本中，文、图、书法、画家、藏书阁，都成为一体，原原本本，周周道道地教给学子们。后来的读本很少有这样的，课文成了断章取义的碎片。《诗经》封页上有毛笔署名“岳凤先”三字，岳凤先何人？不明。四书读本“学庸”，出版日期印的是“中华民国元年”，即 1912 年，由上海铸记书栈石印。

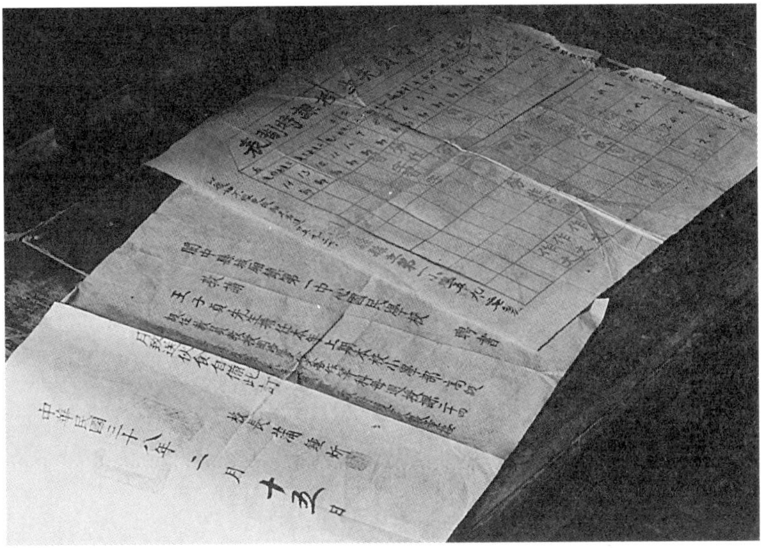

347

学校聘书和授课时间表

2003 年 1 月　四川阆中

录文一：阆中县城厢镇第一中心国民学校聘书

敦请

王子贞先生担任本年上期本校小学部高级级任教员　教授国语历史作文劳作等科，每周授课二十四节，每月□津及俸米参照县政府规定数量按月致送，伙食自备。此订。

校长蒲钟炘中华民国三十八年二月十五日

录文二：王子贞先生授课时间表

(注：表格内有国语、习字、公民、自然、常识、劳作、作文诸科目）阆中县县立第一小学，二五 · 九 · 二七制　以后如不经更改，即不另送。值得注意的，聘书与授课表不是一个时期的物件，授课表是民国二十五年（1936)，聘书是民国三十八年（1949)。

348

老桌上的老砚老墨杵

2003 年 1 月　四川阆中

砚，石质，方直朴厚，除一储汁的凹槽，无半分雕饰取巧。长 13 厘米，宽 9.5 厘米，厚 4 厘米。墨，质密粗拙，极耐用。长 10 厘米，径 4 厘米。二者的古朴之风，已见出写字人及那字的“重、拙、大”。砚，同研，磨墨具，以石制成，间亦有以砖瓦或铁制成者。如端砚、歙砚、汉砚。“研磨不尽人间老，传与儿孙尚有余。”（《谢吴宗师惠墨》）“直研乃见真色，不损墨。”（《墨经》）墨，书画用之黑色颜料曰墨；石墨，松烟墨。“或以头濡墨而书。”（《新唐书》）一个“墨”，竟可引出这么多痛快淋漓的人和事！

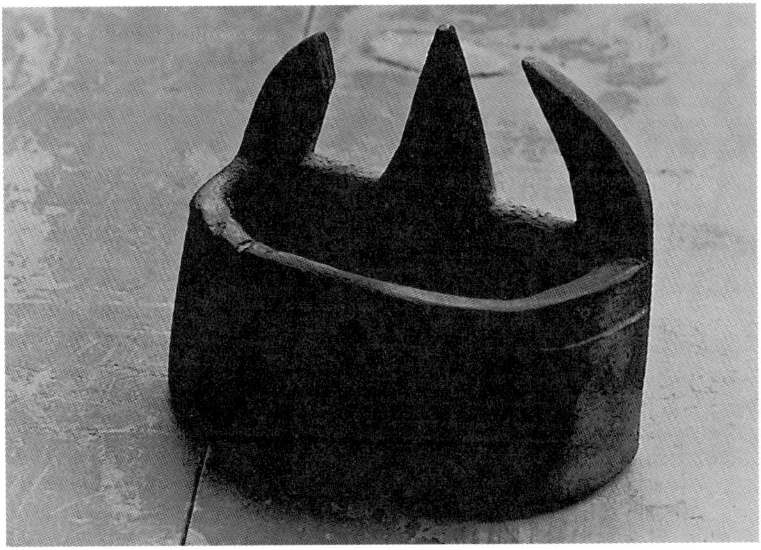

349

山形的笔床

2003 年 1 月　四川阆中

安置器物之架曰床，笔床，俗称笔架。“翡翠笔床，无时离手。”（徐陵《玉台新咏序》）。此物为牛角截制磨凿而成，一则为甲骨文山字形，置笔用；中空处封底可盛水积汁用。 物件年代无考，最高 5.5 厘米，宽 6.8 厘米，厚 0.3—0.5 厘米。

350

手工制的两副眼镜

2003 年 1 月　四川阆中

此镜系平光水晶色镜，以保护、装饰眼睛。 镜片呈褐色，金属铜件焊接住两镜片，镜腿则是角质打磨，年代不可考。右镜，总宽 12 厘米，片径 5 厘米，厚 0.3 厘米。左镜，总宽 12 厘米，片镜 5.3 厘米，厚 0.4 厘米。

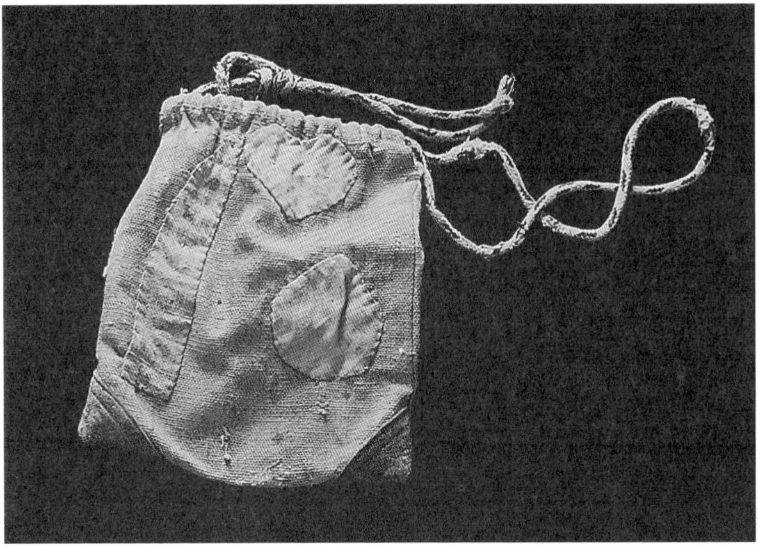

351

烟丝袋

2002年2月 燕京斋堂镇柏峪村

长18厘米、宽15厘米。帆布质。由牛皮包角，有手工缝合的心形补丁。现在，这烟丝袋已成了不为人知的老物件而被弃在尘封的角落。原来，老早老早就有心形的补丁了啊！哪个女子给她的心上人在烟丝袋上补“心”已无法考究，你见那“心”，不觉时髦，不觉轻易，只感受到清纯的爱意，细腻又热烈。

352

避邪物

2003 年 1 月　四川阆中

木质。收藏者称，物件系明代，挂于门首。长 28.5 厘米，宽 22 厘米，最厚 10 厘米。

353

橙红色的傩面具，木质，笑而威

2003 年 1 月　四川阆中

民间迎神赛会，驱逐疫鬼的舞蹈者所戴面具。据查，驱除瘟疫的神称傩神。《吕氏春秋 · 冬季》："命有司大傩。" 傩戏，戏曲的一个类别，流行于湖南、湖北、安徽、江西、广西等省区，由傩舞发展而成。各地有 "傩愿戏"、"傩堂戏"、"师公戏" 等不同称谓，多以演《姜女寻夫》、《柳毅传书》剧目为主。演出时多戴面具，又名 "师公脸壳戏"，动作简单原始，以锣鼓伴奏，人声帮和，故有的地方又称 "和合腔"。

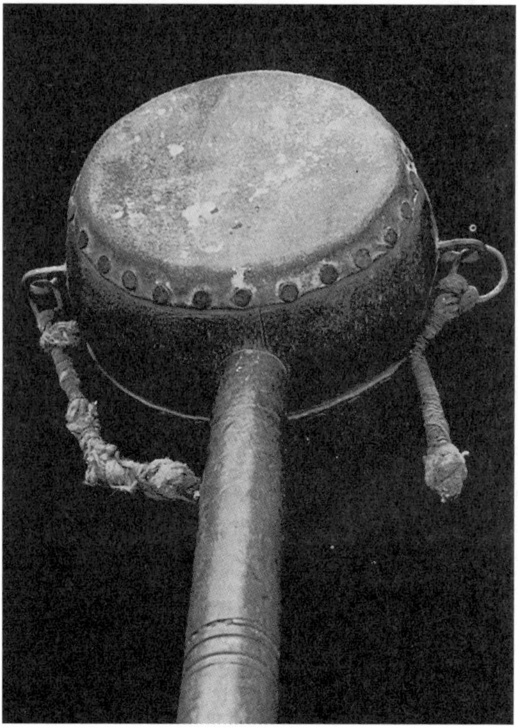

354

拨浪鼓

2002 年 4 月 燕京爨底下村

玩具，带把儿的小鼓，来回转动时，两旁系在短绳上的鼓槌击鼓作声，也做“拨浪鼓”。货郎沿村街叫卖时，也用此击响，招揽买客，鼓的样子与此不同罢了。 鼓，总长 33 厘米，直径 8 厘米，厚 5.3 厘米。她，多像一个脸圆圆的、扎着小辫的小女孩，一蹦一跳地向我们走来。一个活活泼泼的生命。

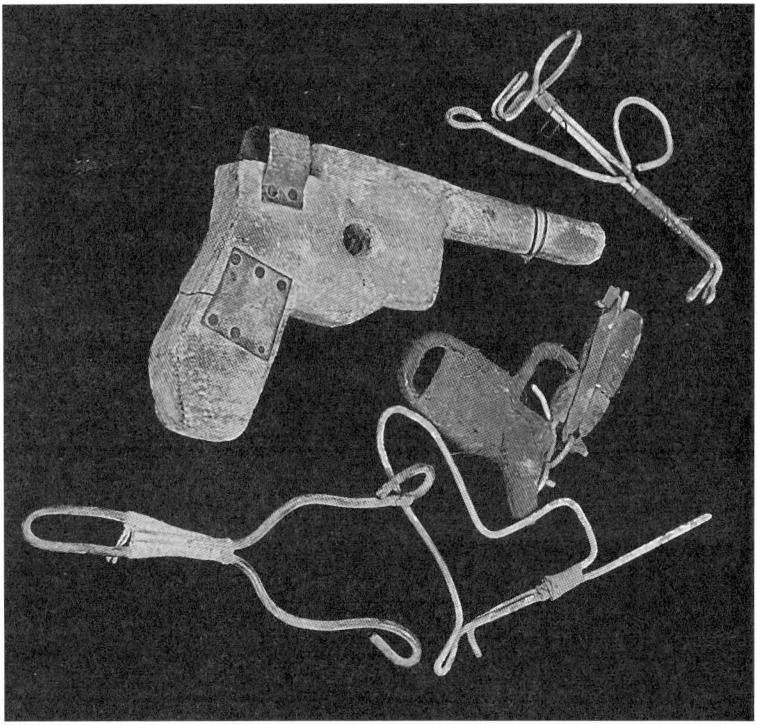

355

乡村小孩的玩具

2002 年 5 月 晋南丁村

木手枪。长 18 厘米，宽 12.5 厘米，厚 3 厘米，上有铁皮补丁。铁丝弯制、布条缠裹的小手枪，有橡皮条连动的扳机。还有其他简易制作的弹弓等物。乡村的穷困贫乏并未减少父母对孩子的疼爱呵护，繁重的田间劳动和操持家务的空闲，他们用粗茧的双手，编制打磨好这些小玩具，放在熟睡的孩子床头，送到背柴拾粪的孩子怀里。我们拍摄它时，想起了我们的父母，也想到了世上所有的父母。

356

三个铜质的水烟壶

2003 年 1 月　四川阆中

大者，高 36 厘米。中者，高 26.5 厘米。壶身铸有 ETKE 字样；小者，高 23 厘米，年代未考。烟草的制成品，称烟，同“菸”。如鼻烟、香烟、卷烟、金丝烟、雪茄烟。“甘肃兰州府产水烟。”“以铜管贮水，隔水吸之。”（一统制）面对这些老物件，既没有亲身使用的经验，又没有民俗文献的知识。怎么办？我使出唯一的一点本事——将它们摆得在视觉上看上去挺美的：比如在明与暗、高与低、正与反、粗与细、大与小、显与隐、疏与密的各个对比中有了音乐般的律动。人，在一定界限内要有自信，充分的自信。

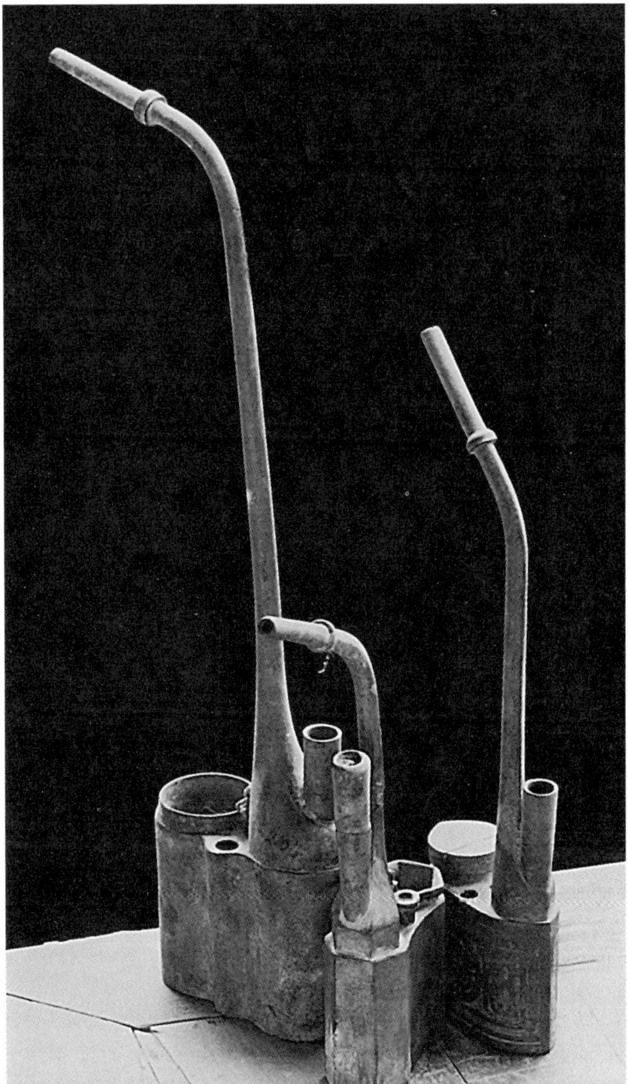

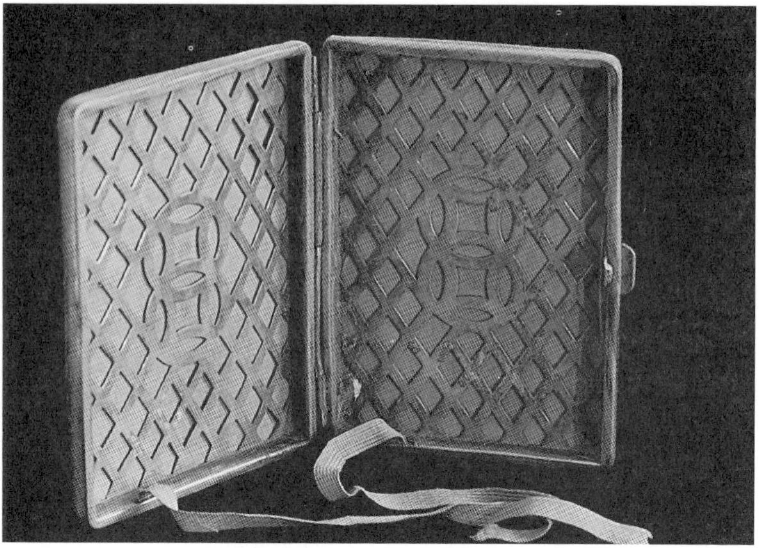

357

烟盒

2002 年 2 月 燕京斋堂镇柏峪村

长 11 厘米，宽 8 厘米，厚 2 厘米。牛皮面，铜网框架。这是专门放卷烟的盒子。不是抽烟叶而是抽烟卷，在这个村里谁如此？何时开始抽的？他是干什么的？画面上那松紧带，原来是绷住盒的两排卷烟使之不散落。抽烟人打开盒，抽动有序也方便。

358

涂挂沙粒层的烟缸

2004 年 2 月 北京丰盛西斜街胡同张家

缸瓦质，六边棱涂挂一层尖硬的沙粒，便于擦燃火柴。这是安全火柴尚未普遍使用前的烟缸。一具两用，既装烟灰，又当擦燃的火柴盒。烟缸，高 3.2 厘米，上圆口径 5.7 厘米。

359

老桌上三支烟杆儿，其一，系有烟盒

2005 年 6 月　浙江宁海大佳何镇

烟杆儿，长 53 厘米，多节竹管打通制成，头部装铜烟锅，锅孔可装烟丝、烟末。头部背面有铜饰，铜饰除刻花纹图案，还有“文太”“杨太”等字样，估计是作坊、工匠的代称或使用烟杆儿者的自称，详情未考。烟盒，牛角质，盖，木质，盖上后，以珠球顶住，不让盒盖松脱，以避内中烟丝散落。说到烟杆儿，它本是吸烟的工具，可大千人世就将它引到了新的妙处，据物主讲：这烟杆儿，敲门、打狗、挠痒痒都派得上用场。我们查“烟”，“烟”同“菸”，是制卷烟、烟丝的草本植物，原产南美洲，清代自菲律宾输入我国，今各省多有种植者。

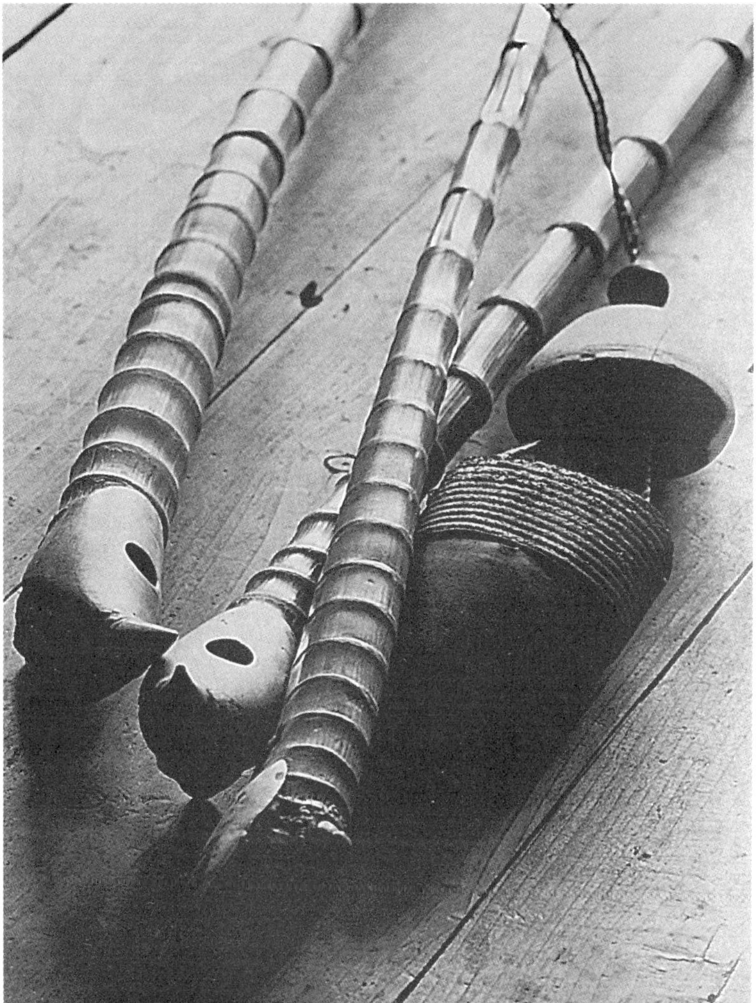

360

四个鼻烟壶和一个杵形小盖

2003 年 1 月　四川阆中

瓷质。粉末状的烟，是以富有油分且香味较好的、晒干的高级烟叶，和入某些药材、香料，研磨，放入密封容器内经一定时间陈化而得。再装入一精致小瓶，经由人鼻孔吸入，嗅其味，提神醒脑。这烟具称鼻烟壶，双耳蓝色者，高 8 厘米，径 5.2 厘米，厚 1.5 厘米。白色二者，高 6 厘米，宽 3.2 厘米，厚 1.5 厘米。绿色者，高 5.3 厘米，宽 2.7 厘米，厚 1.2 厘米。四支烟壶的壶口直径均为 0.8 厘米。

羌寨石堡

羌寨，在四川岷江上游的理县桃坪；羌族，是一个相当古老的民族。

我和高萍持着朋友陈历谋手书的推荐信，来到这里，一下子被完全由石头堆成的古堡惊呆了。每天，我们奔波拍摄过后，感到饥渴劳累，寨子里的乡亲们便烧红炉火，烫好米酒，备好饭菜，大家一起喝酒吟歌，唱个不停，跳个不断，尽情尽兴，直至深夜。

这真是个“不知有汉，无论魏晋”的僻静桃源，这真是个缓舒、闲适、自然、清静的人间居所！

361

依山而立的古堡石室

2003 年 1 月　四川理县桃坪

羌寨的民居古堡与山，同质同色，浑然一体，人的极富智慧的创造，总是能纳入大自然的秩序中，总是深藏着对大自然的敬畏与温柔，总是带有自知自足的欢愉。我们站在石室的二层阳台上，观看这一切，开始了对老物件的拍摄。

362

断桥的岸基（局部）

2003 年 1 月 四川理县桃坪

桃坪羌寨，坐落四川岷江上游的支流——杂谷脑河畔，河上的木桥，已毁，只留下桥的岸基。那垒的石，那嵌的木，磐固坚靠，无不潜藏着当时筑桥人恒久的信念。就在离开寨子候车的几分钟内，我们被它感染，为它记录。站在笔直的水泥新桥上拍摄，投影落在它身上，我们只觉得脚下是多么单薄而无力。

363

羌寨石碉及供奉的白石

2003 年 1 月 四川理县桃坪

石碉以遍布山野的片石为主，以泥黏合，信手砌成，高达数十米，历经岁月侵蚀，屹立至今。隋唐时，羌人用白石头作武器，并以其为引路石，打败戈基人后，便敬奉白石为最高天神，各家各户屋顶碉台均置放白石数方。羌族几乎是拿着石头写自己的可读解又不可读解的史书，奇矣。

364

古堡群落

2003 年 1 月 四川理县桃坪

羌寨，位于四川阿坝理县桃乡桃坪村，距县城 39 公里，距成都 163 公里。它是岷江流域杂谷脑河畔遗留的羌族古堡，以户户相连的山石甬道建筑和纵横交错的地下水网著称。羌民“据险筑堡以自固”在《晋书》有记，唐代更成规模。

365

羌寨民居的木阁阳台

2003 年 1 月　四川理县桃坪

阳台由插入石室的粗壮断木支撑，尽管撑木和护板十分古旧，牢固依然。整个木阁结构简洁朴实，让人叹服羌人建筑上的才艺。

366

晾晒的玉米在石楼上

2003 年 1 月　四川理县桃坪

此外，我们还可看到木梯、柴垛和竹篾编制的簸箕、箩筐，一种基本原始状态的生活。尽管这是 21 世纪的四川阿坝地区。晋陶渊明写《桃花源记》，有“不知有汉，无论魏晋”语，今见羌寨，与现代生活有隔绝之感，幸或不幸，一言难以概之。吾私倾于前者。

367

羌寨民舍和甬道

2003 年 1 月 四川理县桃坪

整个古堡寨子，不设东西南北城门，而筑成以石碉为中心、呈放散状的八个出口，出口又与十三条甬道织成路网，本寨人进退自如，外来人却堕入迷宫。这与古老羌族历史上部落种族间争斗、聚众、据险、筑堡、自固的背景有关，此建筑也应运而生。

368

甬道的老柱老础和拐口直对的一家门

2003 年 1 月　四川理县桃坪

据《晋书 · 符登载记》有文："徐嵩、胡空各聚众五千，据险筑堡以自固。"堡者，土石筑之城也。古代，部落之间经常发生械斗；唐代，中原唐王朝与吐蕃王朝更在岷江流域有着旷日持久的战战和和。桃坪羌民为御敌、为安居，古堡甬道的修筑是适逢其时罢了。如此规制的石寨古堡究竟多少年积累而成，今不得而知。拍摄时，精心构图，取亮中包暗，暗又裹亮，亮再含暗的光线反复重奏的效果。画面虽然是逼真写实，但又产生着幻觉，好像在石柱础后面的黑幕上，上映着一部石堡的纪录片。

369

一家石室的大门

2003 年 1 月　四川理县桃坪

门外，是甬道；门内，是门栓和顶门杠。顺着古旧的扶梯可以上石楼。地面还有一道木栅间隔着，没有细看，也没有问主人。大约，我们还没有培养出考察探究事物的良好细密的素质。不是吗？！

370

羌寨石碉内的梯板和从斗窗透进的光亮

2003 年 1 月 四川理县桃坪

寨内窗户的状貌，颇有来历。据考证，十字形的窗就有着数千年的传承，而应用非常广泛的“斗窗”，外小内大，窗外的风雨不易进入室内，而阳光却可以最大限度投进来。“斗窗”还可以观时辰，作战时便于射击。

371

几根木柱架起的木楼

2003 年 1 月　四川理县桃坪

院落清寂，古木参天，木梯回廊，雕窗扶栏，登此，吱吱有声，岌岌可危。据说，这几间屋舍曾做过私塾，办过小学。现在，人去楼空，任风雨对它剥蚀，直到坍塌。

372

羌寨的解救石“泰山石敢当”

2003 年 1 月　四川理县桃坪

登临这家石楼，必经此石：石，以辟邪守神镇宅。石首所雕，似人似兽，非人非兽，凝人兽之威猛力智，细观额顶，有太极阴阳图，柱身刻“泰山石敢当”。泰山者，五岳至尊，立天地之间不可毁也。古代帝王常往泰山举行封禅大典，起自秦始皇，汉代因之，后代遂袭以为例。今观此石，见出古代汉羌文化的交融。柱石距地高 1.10 厘米。

萤窗女织

373

灰砖白壁中的织布机

2002 年 5 月 晋南丁村

木质。清末民初所用。长 165 厘米，宽 106 厘米，高 170 厘米，织摆宽 130 厘米。这儿有民谣戏说织布 :“脚踏的一州两县，身坐的金龙宝殿。手拿的苏州干鱼，口抽的夏县挂面。”一州——谐音“舟”，指坐着织布如踩舟。两县——谐音“线”，指经线和纬线。苏州干鱼——干鱼指称形状像鱼的织布梭子，而苏州产的梭子最好最出名。夏县挂面——司马光的故乡晋中夏县，土产的挂面极好吃，细腻爽滑。把从梭子中纺出的线抽出比喻为挂面一样，纤细、洁白、光滑。

374

纺车

2002 年 1 月 河南朱仙镇腰铺村

一座新盖新装饰的房子里，化学涂料刷了墙，铺了有花纹的瓷地砖，而主人纺线仍用这架纺车。

375

有大麻线团的木质纺线架（局部）

2003 年 1 月　四川理县桃坪

火麻线团高 15 厘米，直径 14 厘米。

376

靠着黑窗框的梭子

2002 年 5 月 晋南丁村

竹，木质，部分包制铁皮。左者，长 32 厘米，宽 4 厘米，厚 1.8 厘米。右者，长 34 厘米。中间厚 4.4 厘米。织布工具。

377

疏通经线的刷子

2002 年 5 月　晋南丁村

料质选自马莲（也称马蔺、马蓝）的根须，有韧性。左刷长 29 厘米，右刷长 38 厘米，直径 7 厘米。织布用的辅助工具。

378

皮幅和瓜瓜子

2002 年 5 月 晋南丁村

牛皮质，硬木块，系织布专用围在后腰的装置。皮幅长 55 厘米，宽 14 厘米。瓜瓜子，长 10 厘米，宽 5.5 厘米，厚 3 厘米。看到这物件后，才知道织布不光用手劲儿，还要用腰劲儿，用腿劲儿……是一种全身心的艰苦劳作。"唧唧复唧唧"的机杼声潜藏着织女多少个夜晚的生命流逝，如同那"日出而作、日落而息"的耕男。田园是美的，也是苦的。想起上初中时课外读到的一首诗，至今印象极深："一曲清歌一束绫，美人犹自意嫌轻。不知织女萤窗下，几度抛梭织得成。"

379

纺纱的竹筒

2005 年 5 月 浙江慈溪鸣鹤镇

这是上街 22 号院的仓房拍的。第一眼看上去，竟以为是暖水瓶的竹套；第二眼，再看，傻了，不知道是个啥。请教主人，说这是纺纱用的竹筒。究竟怎么个用法，我们也不知。自家纺纱织布已成历史，它今天还被当做老物件暂时存留着，再过几个月、几年，也许就连个影子都没有了。就在这会儿，先留个影儿吧。

380

打麻绳的用具和笸箩

2002 年 4 月 燕京爨底下村

打麻绳的钩锤。直径 6.5 厘米，长 22.2 厘米，截取杈枝削磨插入木槌制成。笸箩，柳条竹篾编织。打麻绳的器物，乡村里几乎家家都有。麻，是须臾离不开的。它涉及吃穿两字的穿。《齐民要术 · 卷二》记《氾胜之书》有曰："种枲太早则刚坚、厚皮、多节，晚则皮不坚。宁失于早，不失于晚。获麻之法，穗勃，勃如灰拔之。夏至后二十日沤枲，枲和如丝。"

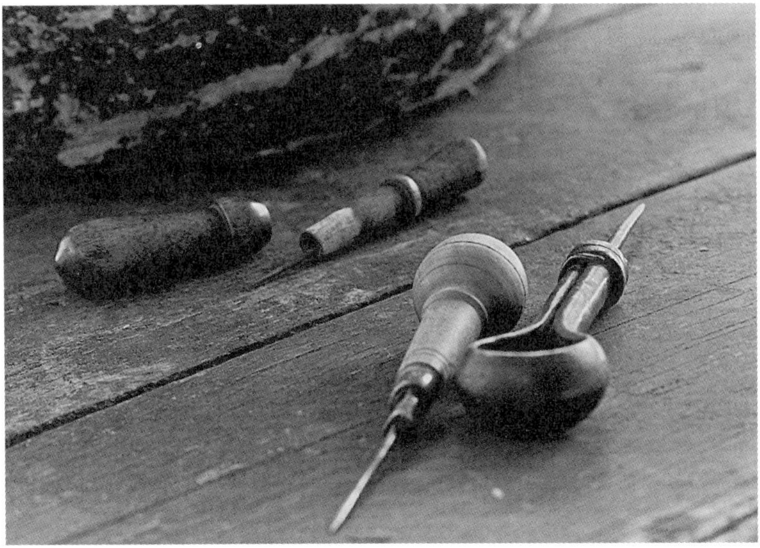

381

锥子、针葫芦、笸箩

2001年11月 燕京爨底下村

给普通平凡的事物，增加意义，也许这就是生活，就是生命。
针葫芦，两截，插合为一体，存针的，使针不易散落丢失。木质。长11.5厘米。我们的奶奶，母亲，或是妻子吧，常有一个柳条或者竹篾等编织的笸箩放在炕头床边，里面盛着剪子、锥子、针线、顶针、零星的碎布头……所有缝缝补补的事，几乎全让她们包了。她们，真不容易啊！

382

搓麻绳的垫具

2005 年 6 月 浙江宁海大佳何镇

陶质，筒瓦状。长 23 厘米、宽 12—15 厘米，这前窄后宽，正好扣在大腿上做搓麻的垫具。陶瓦形质的工具面上，刻有稍微凹下的图案，如篮子、散花、线条、圆点及边纹，起起伏伏、坑坑洼洼的麻面，正好又合于搓麻的涩性。您想呀，把几根麻纤维搓成细麻线，或把几股细麻再搓成细麻绳，手只有在涩性的瓦面上，向一个方向搓揉才能将它们绞合在一起。倘直接放在腿上干，没多长时间腿就受不了了。麻，是大麻、亚麻、苎麻、黄麻、剑麻、蕉麻等植物的统称。麻的纤维，是纺织的重要原料。棉、麻混纺织成的平纹布，叫麻纱，细麻布也称夏布，多用来做夏季的衣服。另外，工业或油画上用的亚麻帆布、亚麻布以及包装用的麻线、麻绳、麻袋均出自麻的编织。麻，自古以来就是人类赖以生存的植物，一位可靠的朋友。

383

袜板和鞋楦

2002 年 4 月 燕京爨底下村

袜板，补袜子的工具。长 24 厘米，宽 85 厘米，厚 6.5 厘米，后跟高 10 厘米。鞋楦，制鞋所用的模型，用楦子填紧或撑大鞋的中空部分。多用木头做成，也叫楦头。此鞋楦长 11 厘米，宽 5 厘米，厚 4.5 厘米，系做旧时代小脚女人鞋所用。

384

白色的软袜套

2002 年 2 月　燕京爨底下村

用粗布手工缝制。我们住在半坡的“古堡旅店”，是韩小宝夫妇所开。说是店，其实就是乡人把有些房间腾出来，收拾干净，让旅游者暂住，自己则委屈在狭小的屋里。忙早忙晚，贴饼子，熬大渣粥，烧土炕……兴许韩夫妇的淳朴勤劳和我们诚挚认真地工作，都彼此看在眼里，于是不只在这店投宿一回，而是投宿三回，如归家一般。三次所达到的融洽程度就是韩小宝将他仓房的钥匙无疑义地交给我们，任由我们从那老屋里捡拾出什么“老物件”，就可以拍什么老物件。此软袜套就是其一。

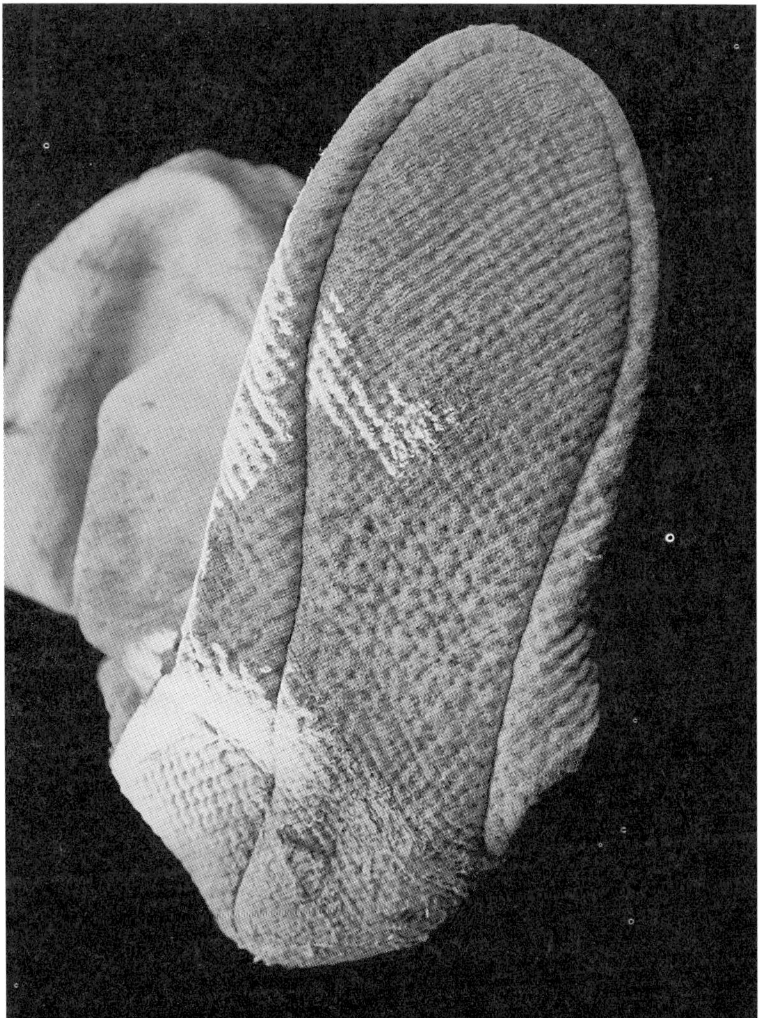

385

鞋底的圆钉

2001 年 11 月 燕京爨底下村

男人和女人，挨着。鞋底有三个铁质的枣核钉，走山路防滑用，也耐磨。

386

门帘上的绣图（局部）——仙童驾鹤

2003 年 1 月　四川阆中

白布青线，以不同绣法获得质感的同时，也获得了画面黑、白、灰的节奏变化，古拙、稚气、清朗。据讲，门帘系清末民国初年所绣所用。长 160 厘米，宽 68 厘米。

387

有护手板的熨斗

2006 年 北京

熨斗上盖的后尾有插销，打开，可在熨斗腹内置炭火，尾下部设带轴的风门，控制空气的流量，熨斗首部有引拔热气的弯道，像前驱的大嘴，挺神气的。尤其值得好好看的，是把手两端固定着梭叶形的铁护板，显然是怕下面的热灼伤到握把儿的手。您瞧，工匠们在制器时考虑得多周到啊，这叫体贴。熨斗铁质，把儿木质。

388

女子绣花用的压绷石

2005 年 6 月 浙江宁海大佳何镇

石质。长 17 厘米，高 6 厘米。女子绣花有压绷石，利用石头的重量把绣架上的布拉紧绷挺，这样，针引彩线，于织品之织纹上，一针一线刺绣出图样来。此图中石，雕有鳞甲的莫名之身，身底有空隙，可穿绳。说到“绣”，有湘绣、广绣、苏绣等。“露香园顾氏之绣，海内驰名，翎毛鸟兽，花卉折枝巧若生成，山水人物佛像，无不逼肖活现，至嘉庆时，上海犹有存者，今则已残星凤羽，实难再见。”“曾与佳人并头语，几回抛却绣工夫。”（秦韬玉《燕子》），爱情扰乱了静静的绣作，也很有诗意呀，而且真就做了如此的诗。我孩童时，目睹母亲为她贫困之家日夜在夏布上做十字绣（也称挑花儿），十几年后，累弯了腰，昏花了眼，绣好的“断桥西岭”、“西湖春柳”全都给有钱有势的人用了。她临了儿，竟没有留下一块自己在夏布上的绣品。

389

高脚针线箩

2005 年 5 月 浙江慈溪天元镇

左箩，直径 35 厘米，高 35 厘米；右箩，直径 34.7 厘米，高 43 厘米。此物怎么就称箩呢？“江南谓筐底方上圆曰箩”，竹篾所编以盛物。观此箩，四高脚柱以粗竹茎为立骨，上部剖解开半，让筐穿过，又以竹条烘弯包箍内外沿口，再以细藤皮扎裹各紧要处，于是，箩结构一体。因为是放针线纺品，负重不大，所以箩底悬空。倘是挑担盛放谷物或放置孩子的箩筐，箩底着地，不用高脚。此箩，有编织时就安排好的墨绿色图案饰纹，非涂画其表。妇女们搓线，纺纱，织布织带，缝缀衣物，纳鞋补袜……平生辛苦，都尽在这无言的针线箩中。

三晋高墙

对山西襄汾丁村的探访，我们看到了距今十几万年前先人在石器时代制作的砍砸器、石球。原来，那似乎笨得不能再笨的原始器物，竟是我们“物语三千”的真正祖源。

一下子，对老物件的读解，被带入到了更深远的历史中。

390

山西襄汾的丁村村头

2002 年 5 月 晋南丁村

这土路附近，就是丁村遗址。1954 年，由裴文中、贾兰坡组成的中科院古脊椎动物与古人类研究所以及山西考古人员参加的考古发掘队对丁村进行了科学发掘，出土两千余件石器、哺乳动物及鱼类化石。尤其在丁村 54、100 地点发现的三枚古人类牙齿至为宝贵。1976 年在此地又发现了一块右顶骨化石，是华北地区旧石器时代最重要的文化遗址之一。

391

门楣“坦荡”的老院门

2002 年 5 月 晋南丁村

“坦”，本意作“安”解（见《说文解字》），乃物置地得安稳意，故从土。又以旦本作“明”解，明有洞烛幽微足以自安意，故坦从旦声。坦荡源于“君子坦荡荡”（《论语 · 述而》）。

392

有石碾、拴马柱和牛的老院墙

2002 年 5 月 晋南丁村

在这个村里，见识了“高墙深院”四个字物质化的真实性和由此带来的强烈感觉。

393

古宅内院

2002 年 5 月　晋南丁村

如果不是丁村民俗博物馆一位年轻管员的毅然开锁，徐徐推动厚重的铁门，我们是看不到眼前这古宅大院的，也不相信近代的建筑工匠竟有如此的审美与智慧，将院落弄得这般让人感动、让人心仪。虽然多有破损，但神韵俱在，甚至说，这破损增加了宅院的神韵。

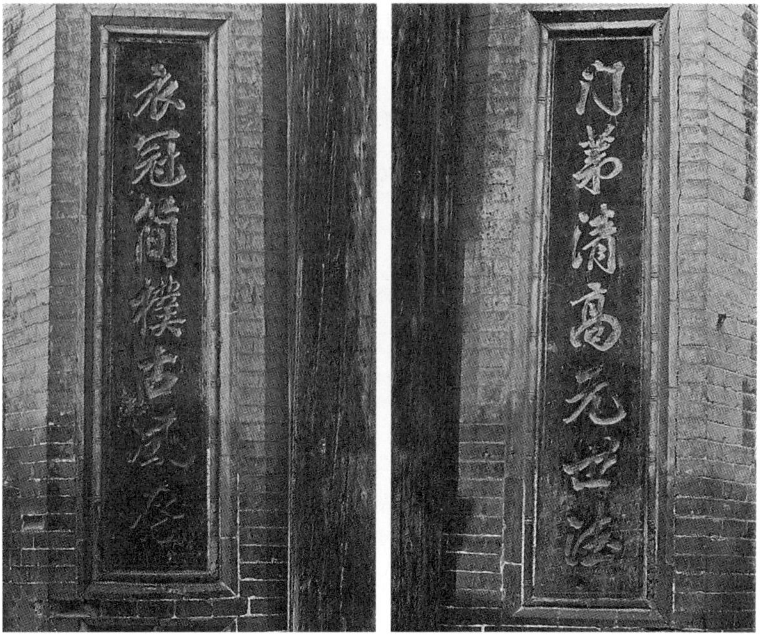

394

石质门联：门第清高先世法，衣冠简朴古风存

2002 年 5 月　晋南丁村

默读着这对石联，读完了，仍然是默。说不出一句话。

395

老屋的水落管

2002 年 5 月 晋南丁村

用铁皮做成凹曲形槽管，稍倾斜安装于屋檐下，把屋顶瓦沟里的雨水接住，由于槽管的倾斜，雨水只从较低的管口集中流泻下来，便于人避开屋檐的成排的滴雨，也便于人储存雨水，以备他用，特别是还没有自来水的那个年代。（水落管，亦称水落。称雨水管）

396

缝补再三的竹窗帘

2002 年 5 月 晋南丁村

东屋怕西晒，做了窗帘。帘上安个小滑轮，卷动方便，两个小姑娘从屋里跑出来，牵着手，望着我们拍摄。看长相，她们是姐妹俩。问那窗上剪纸是谁贴的，她们互相对着笑，并不作答。

397

禾堆旁的洞孔

2002 年 5 月 晋南丁村

高的土层下部，也常常被挖了许多洞孔，村人用来储藏粮蔬水果。

木轮远行

398

有靠架的独轮推车

2002 年 5 月 晋南丁村

木质。全长 195 厘米，宽 83 厘米，高 95 厘米（靠架长 112 厘米，宽 22 厘米，高 41 厘米）。两把间距 94.5 厘米。轮直径 85 厘米，厚 5 厘米。此车年代，据说在清末民国初期。据《天工开物》（明朝宋应星）记："又北方独辕车，人推其后，驴曳其前……人必两旁对坐，否则欹倒……不载人者，载货约重四五石而止。"

399

庭院一角的旧板车

2005 年 6 月 浙江宁海前童村

板车被所谓的现代化淘汰了，轮轴不知去向何方，竹板木架还在，立在屋前。在村里串游一下，见这种板车几乎家家都有，家家都将它闲置着，又不肯扔掉。几十年前，它们还是一种普遍使用的载运工具呢。望车架上端，晒干了的一种植物垂挂下来，那是专门做扫把用的。车架下端垫着石头，隔绝着潮湿地面。就这样，绿苔也爬上了那块垫着的石头。矮的粗木架不知原来做什么用的，现在搁上了两个筐，一个竹编的，一个荆条编的。磨盘躲在暗处，它处的位置证明自身已失去使用的价值。对庭院的一个角落，我学会了一点“看”。

400

畜力车（局部）

2002 年 5 月 晋南丁村

木架铁轮。车长 223.5 厘米，最宽 125 厘米，高 77.5 厘米。护板长 125 厘米，高 39.5 厘米，间距 85 厘米。车把儿直径 7.5 厘米，长 134 厘米。车轮直径 83 厘米，车毂（车轮中心，有窟窿可以插轴的部分），直径 20 厘米。车辐（连接车辋 < 车轮周围的框子 > 和车毂的直条），直径 1.7 厘米，长 24.4 厘米。系清末民初时期的运载工具。

401

挂着套项的马车（局部）

2002 年 5 月 晋南丁村

清末民初的运输工具。明代宋应星著《天工开物》，记有：凡车质，惟先择长者为轴，短者为毂。其木以槐、枣、檀、榆为上。檀质太久劳则发烧，有慎用者，合抱枣、槐，其至美也。其余轸、衡、箱、轭，则诸木可为耳。此外，牛车以载刍粮，最盛晋地。路逢隘道，则牛颈系巨铃，名曰“报群知”，犹之骡车君马尽系铃声也。

402

挂于马车的鱼形剪刀

2006 北京

铁质，三个，各长 18 厘米，13 厘米，20 厘米。车马行旅，路途遥遥，能遇到什么事就难说了。备用的这种剪刀，前端有环，挂车上，可随时拿下。此工具，剪断、切割一些绳索物什，单使那剪把儿，可作刀刻，可作锥穿。一物多用，真聪明；那剪刀的轴，竟也成了鱼眼，剪把儿成了翘起的鱼尾，真风趣呀。

403

畜力车的铁木车轮

2002 年 5 月　晋南丁村

车轮直径 128 厘米，宽 15 厘米，厚 4.5 厘米。车辐长 31 厘米，宽 5.5 厘米，最厚 6 厘米。车毂，直径 23—33 厘米，宽 29.5 厘米，中轴直径 8 厘米。车架护板长 125 厘米，高 39.5 厘米，厚 3.3 厘米。车轮内外以铁箍、铁钉、铁环近两百余件紧紧穿凿、加固、抱合，历经百年，至今肌腱尚在，风骨不散，大器大拙，大纹大质，非高拔之人所不能赏也。屋外，阴云细雨，屋内，暗黝无光。目之所至，不辨细末。便以胶片曝光十秒以解困境，后得此清晰图像，甚喜。方信：相机在人的觉醒下，会使出眼睛使不出的能力来。

404

挂于马车上添油的小桶

2006 年 内蒙古塞外老街

高 14.2 厘米，由草板纸多层糊成，又将两铁环以铁丝穿绑于颈部，便于悬挂车上，有木塞和蘸油的小木棍。马车漫漫行程，车轴吱吱，须适时添点油汁以润滑，减缓磨损。小桶因使用时间久远，通身被油垢所裹，又加之此桶丢弃有年，油，凝固干结，塞子和小棍已难拔出。时光，让这个添油的小桶，成了怪模怪样的淘气鬼，甚可爱，并立此存照。

405

从废弃的船上卸下的舵轮

2005 年 5 月 浙江慈溪天元镇

木质，有铁件钉穿附之，以坚其身。这是船上控制方向的装置，称为舵轮或方向盘。“舵”字本义作“正船木也”（见玉篇），乃置船尾用以正船方向的工具。“舵”字的右部“它”原为蛇文，像蛇昂首曳尾之形，善摆动以前进之意。船作为交通运输工具经不断发展，采用机械动力，利用传动装置控制尾舵。于是在船首置较大的舵轮，由它牵动同心轴产生更大的力量，轴又传动到尾舵左右摆动而端正船的方向。原始的船，舵在后，舵手亦在后，现代船只，舵仍在后，而舵手在前矣。这是我们在天元镇旧货仓库拍摄的最后一张。把一切收拾停当，天黑下来，主人在那堆堆的古旧马桶、米斗前面邀约大家合了个影。“舵轮”是个神谕吧，让我们第二天无误地驶向宁波，驶向老物件的深处。

地老天荒

406

有残的石香炉（正面）

2003 年 1 月　四川阆中

这个回首的鹿（喻福禄之禄）和繁盛的花叶，正如应着石香炉背面的刻文，“万两金银生；九州福禄神”。祈祝，本该是对现存一切的感恩，超出了这个界限，是要依自身的跋涉和付出来获取的；否则，大约不会改变那老样子。

407

放祭牌的雕架（正面）

2003 年 1 月　四川阆中

木质，雕架由基木、台阶、门首、匾额及周遭缭云环带的雕纹组成，大约是隐喻天堂之相吧，活人总是祈愿亡故的先辈在“天堂”过得好，即使活着的时候过得不够好。架的中空部分，是放祭牌的，牌上，用笔写明所祭先辈之姓名、生卒年月等。我辈晚生，以前未见过祭牌，今细细观来，并记录于上。牌架，总高 35 厘米，底长 17 厘米，底宽 10 厘米。

408

祭牌和放祭牌的祭架

2003 年 1 月　四川阆中

这是后人祭其父母（考妣）的牌位。从毛笔填写的文字看，他们生活的年代是清乾隆与清道光年间。这牌位所立年代，也就不问自明了。

409

南屋内的两口棺材

2001 年 11 月 燕京爨底下村

天才犹如自然，本身包含着巨大的丰富性和矛盾性，为世世代代的争论留下了广阔余地，盖棺而不能论定。当地的人 60—70 岁之间就开始备料制棺。

410

有缺口的罐子

2002 年 5 月 晋南丁村

缸瓦质涂釉。高 21.5 厘米，直径 13 厘米。在墙边的拐角发现了它，问老乡这究竟是做什么用的，他们说，是陪葬的。死者去世一至七天，亲人每天焚香后，向罐子里放食物，放满，罐随死者一同下葬，祈望死者在另一世界不受饥饿之扰。

411

被供奉的先人偶像

2003 年 1 月　四川阆中

通观全身，无特殊象征标记，非佛非神；布帽布衣，体态温静，连座椅也极平凡质朴。所以，只能推测为祭祖供奉的偶像。人们，只在偶像的前面祈祷祝福，却常常忽略了其背面。背面能有什么？一方洞也！方洞内竟藏有秘密吗？或有手书的字条，或有弥足珍贵的信物，或有摩挲的念想，或有遗言的锦囊……总之，那成了一个秘密交流的秘密地点——人间的、亲情的、内心的、嘱托的、永久的、天地的。我们不用商量，配合默契，拍下了聊聊可见的偶像背后的那方洞。偶像，高 34 厘米，底座长 15 厘米，宽 9.5 厘米。

412

陶炉灶

2003 年 1 月　四川阆中

随葬的明（冥）器。明器——古代陪葬的器物。最初的明器，是指死者生前用的器物，后来是用陶土、木头等仿制的模型，也作冥器。这显然是炉灶的模型。下有填装柴火的梯形开口，炉中部横有条状栅壁，上面有三个支锅用的突起，左右各有炉把儿（其一断残）。这难道不是上千年来所有炉灶的初始设计吗？人们相信，先祖们在阴间的生活，只要有炉灶和壶碗，就有了基本的温饱。这里渗透着古代生者对逝者的虔敬，渗透着希望逝者对生者有所保佑。这，不独是中国古代的一种传统信念吧。陶炉灶，高 33 厘米，上径 28 厘米，下径 28 厘米，底盘高 3 厘米，径 43 厘米。

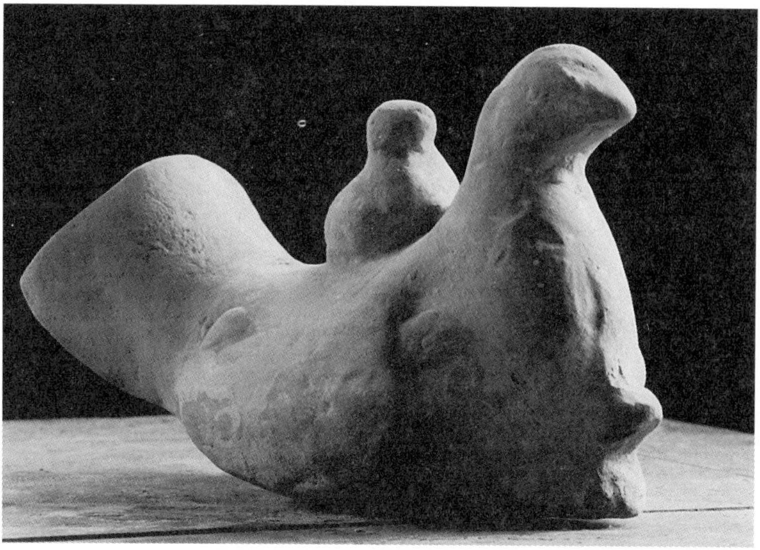

413

卧着的陶鸡，带着它的一群儿女

2003 年 1 月　四川阆中

汉代的随葬陶器。除母鸡背上有小鸡坐卧之外，再观其胸前、翅下，皆有小鸡藏之，间或伸出头来好奇地望着大千世界。不用心看，一切似乎都被隐藏起来；用心看，一切都栩栩如生，生机勃勃。陶鸡长 19 厘米，高 13 厘米，宽 12 厘米。

414

吹箫的俑陶

2003 年 1 月　四川阆中

陶质。高 19 厘米。据收藏者记，系墓葬物。该俑混沌一体，不辨细微，正是古汉之风。在久经损蚀的模糊中，反倒更见出了吹箫者的风韵气质——近看，什么都不是；远看，应有尽有。你不断地看，不断地看出原来不曾看出的东西来。膝腿一前一后，手臂一上一下，头肩微倾，神情怡然，那箫，对吹箫人来讲，已成为其身体的一部分。看！箫管是铸在那人身上的，中间没有任何缝隙！深暗之背，陈木之上，陶俑就座，顺势而凝于胶片，得此图，名“夜归林”。

415

抚琴的俑

2003 年 1 月　四川阆中

陶质。高 17.5 厘米，宽 13 厘米。据收藏人称，为殉葬品。抚琴俑，独坐闲宁，上身微侧，眼不着琴而仰高远，心有所想，意在高山流水。非俑也，乃真抚琴者也。联想到冯梦龙《警世通言 · 俞伯牙摔琴谢知音》中句 :“摔碎瑶琴凤尾寒，子期不在对谁弹？春风满面皆朋友，欲觅寻知音难上难。”今，见抚琴者，若见隔世知音。上千年前的陶俑，我们却可以经由它亲历古代生活的动人情景，抚摸古人纯净旷达的心灵世界。

416

汉俑“相知”

2003 年 1 月　四川阆中

在阆中一个私人筹办的民俗博物馆，见到不少大约为汉代的陶俑。我与高萍择其三四，顺意拍摄。“相知”，是唯一有意又出乎意料的组合。灰陶，红陶两俑，体态端宁庄重，面容温厚虔信。吾甚爱之，置陈木上，呈相见、相视、相拱手、相恳谈之状、竟有“知音说与知音听，不是知音不与弹”之妙。灰陶俑，高 20.5 厘米，红陶俑高 20 厘米。

417

砍砸器

2002 年 5 月　晋南丁村

砍砸器长 16.5 厘米，宽 10.5 厘米，厚 5.5 厘米。丁村人生活在距今大约十万年至两万年的旧石器时代，使用的石器类型为尖状器、砍砸器、刮削器和石球。几乎就要撤离丁村时，我们才想到老物件和丁村遗址之间所拥有的联系，那是一种几万年漫长的联系啊。而我们在思维上将它们联系起来，同样也有着一种艰难神奇的、从渐悟到顿悟的过程。当我们无意间问自己，那石器不正是最老最古最正源最集中的生活和劳动器具吗？不正是一切老物件的祖宗吗？不正是最明显的人成为人的创造觉醒吗？提问就已经接近了解答。没有片刻迟疑，我们迅速赶到考古专家陶育海的工作室，开始了对石器的拍摄。“物语三千”从现代，近代，走向了深深的历史。

外辑

沈继光和他的伙伴的《物件之语》

赵　园

五年前沈继光要为他关于老北京的摄影集作序（此摄影集新近才由人民美术出版社出版），记得当时没有过多的犹豫便答应了，尽管这在我，近于破戒；当这次面对他和他的伙伴的四大册新作，我却迟疑了。我被呈现在自己面前的巨大工程所震慑。为这样的艺术劳作的成果作序，我担心自己的文字已难以胜任。

接续他的胡同之旅，沈继光仍然以自己的方式“触摸历史”，触摸凝结于“物”、呈现于“物”的历史；触摸“生活”的物质表面，切实地感觉那生活的质地，只是更将行程延伸到乡村、山村、农家，将借诸照相机的凝视，集注于那些正在或行将退出生活的“老物件”上，试图经由对这类物质文本的解读，“捡回昨日的文明”。

四大册新作题为“物件之语”。“物件之语”又被称作“物语”。“物”与“物件”之为名，显然有涵容之不同。“物”是个相对大得多的概念，当着以其与“人”或“心”对举，此“物”多半已被纳入了哲学范畴，具有了形上意味；“物件”则是形而下的，属于人的世俗、日常生存。沈继光对他的所谓的“物语”有妙解。他认定了那些“物”自己能开口，只是它们的“语”只能达于有训练且有准备的听觉罢了。你要准备好了倾听，有足够的体贴分辨它们各自的语言。读沈继光和他的伙伴的摄影作品，我确信他们听到了那些物件们各自的话语。

“物件”自有种种，沈继光和他的伙伴所凝视的，是“基层民众”赖以维持其“基本生存”的物件，他们的“生活用品”，褡裢、火镰、鞋拔子、烟丝袋、煤油灯，等等；他们的“劳动工具”，犁、耙、锄、镐，以及石磨、碾子、有背带的木桶、鞋楦、袜板，等等，而非文人雅士摩挲赏玩的文玩清供。被摄入镜头的，有搁在酒缸上的粗瓷碗。旧日京城有“大酒缸”，是苦力们喝酒的所在。大酒缸粗瓷碗的风味，以文人式的优雅，自不能领略。由这些照片的边缘处，你的记忆会伸展开来，经由那些物质细节、局部、片段，你感到了一种生活气味的弥散。被摄取的“老物件”确也与它们放置其中的环境，那些老墙、老屋、老村，彼此衔接，构成了近于完整的意境。

作者又称他们所拍摄的物体为“老物件”。“老物件”的“老”不全因了年深月久。吸引了沈继光和他的伙伴的，并非对象的“文物价值”，尽管他们选择的，是寻常日用而又即将或已经废弃了的物件。那些物件上自有时间、岁月的刻画，这也仍然是令拍摄者动心的。那磨盘上由石匠凿出的沟壕，那些镰头锄柄、桶攀秤杆上，无不刻画着岁月。你看到了上面的指纹，看出了长了老茧的手抚摸捏攥。也因了与人的肌肤之亲，经年累月的摩挲，为汗水所浸渍，那些物件在镜头下泛出的，是犹之人的肌肤的光泽，摄影作品因而获取了温暖的调子。我想，最初吸引了摄影者的，正应当是那些人把攥、抚摸的痕迹。沈继光告诉我，他想读出那些物件“自己的生命事件和附在它身上的故事”，在拍摄中时时有“穿过尘灰，穿过光阴而进入历史的感觉”。

就这样，作者因“物”而读人，读人的日常生存，感受被“物”收摄其中的人的气息，使自己的作品充盈了对于世俗日常生活、寻常百姓人生的温暖的感情。沈继光说到了“感动”之为能力。即使不尽能分有作者们的感动，你也感染了他们面对世俗寻常之物的诗意情怀。

阅读这些照片，你不期然地，收获了关于“物”的知识。天底下原有诸多无字的书，只是我们不善于阅读罢了。我曾痛感“历史想象”作为能力的匮乏。见诸文献的“物质生活”，又往往与小民无干，多少也因了有关文献材料的缺失，使得历史生活无从“复原”吧。我相信沈继光和他的伙伴的工作，正在为一段已经或即将成为过去的生活留一记录。这工作已如此急迫，刻不容缓。两位艺术家告诉我，他们遇到的有些物件，其功用已难以得知。与那物件有关的生活，正迅速地隐没向“历史”深处。由此看来，沈继光和他的伙伴的工作，即使仅由民俗学的方面，其意义也难以估量。

呈现于他们的摄影作品的“老物件”中，有几种是我曾经熟悉却久违了的。比如镰刀。那把被摄影家置于土坯墙前的镰刀，令我的肌肤感到了初夏清晨的微凉，薄明的天光中站在地头试镰，指尖在刃上抹过的感觉，竟依旧清晰。由铜盆与棒槌牵连而出的，是清夜的捣衣声。和鞋楦在一起的，则应当是袼褙、针锥、绱鞋的麻绳，还有麻绳拉过正在纳的鞋底时嗞嗞啦啦的声音。那对薄暗中反射着微光的竹桌竹凳，它们的主人似乎刚刚起身离去——谁说那人不就是我呢。

“物件”之平常，无过于此的了。我们之所以对这些寻常日用之物视若无睹，多少也由于被既有的“艺术”规范了视觉。因而“寻常日用”在镜头前见了陌生。白菜、萝卜一经被名家入画，即被由“审美”的方面“发现”。沈继光和他的伙伴摄入的，平凡、琐屑更甚于白菜、萝卜。我相信这些物体从未经受过这样的凝视，被置于特选的背景上，在精心设置的光线下，被镜头所凝视，由此而被发现了“使用价值”之外的价值，甚至被赋予了可供审美的品性。当然，这些“自在之物”一旦被摄取，即不免拔出了“日常”而别有意味——沈继光和他的伙伴的摄影工作也脱不出此种悖论，我们却不防对于他们的“发现”怀了欣喜。

沈继光告诉我，拍摄这些“老物件”，他无意于“怀旧”。他以为这些物件与有关的意境，未尝不参与着构造未来——我似乎明白了一点他的意思。在商业化、市场化使物质丰盈至于过剩之时，沈继光和他的伙伴试图使你想到，合理的人生并非赖有这些条件为支撑的。当然你大可不必为此而拣拾玉米芯充当瓶塞，或积攒了头发编织背带，却不防由此读出一向存在于民间的“创意”——随处可见的对于生活的创造，从而与摄影家一道品味那份简朴的诗意：品味简朴，何尝不也是一种能力！

我们早已被告知进入了“读图时代”，充斥了出版市场等待你享用的，是种种“视觉快餐”。沈继光和他伙伴所提供的“图”，要求于你的却是像他们那样的凝视。你发现你的视觉受到了诱导。这样的“读图”非但丰富了你的知识，而且丰富了你感受世界的方式。你身边那些熟视无睹的物件，终于吸引了你的目光，它们对于你的意义复杂了起来……

我不知道近些年来对“物质细节”的兴趣，在多大程度上得之于布罗代尔其“年鉴学派”史学的启示，但我知道沈继光的拍摄老北京，尤其胡同生活的物质细节——这使他的作品与以老北京为主题的其他作品见出了区别——尚在布罗代尔风行于我们这里之前。沈继光基于他个人的经验与思考，呼应了一种历史哲学与文化风尚。

在这个浮躁、讲求功利的时代，倾注近二十年的精力在一件事上，已近古风，何况那是件成效不可期必的事。这份工作不但要求你耐得清苦（据我所知，沈继光在摄影中的投入，几乎全出自菲薄的工薪），而且要准备承受不为人知的寂寞。痴迷，忘身所在地投入——世间的事往往也要这等人物，才能做成。沈继光讲过两则痴迷者的故事：刻石、雕木的艺术家，终于死在了石料与木材上。沈继光说，他们被石被木给收去了。他本人的那种倘不死在途中，就“好好弄下去”的想头，岂不同样动人！

其实写这篇文字有点多余。沈继光本人说的已够好，本无需别人再来饶舌。经了近二十年的踏访与思考，他已经形成了自己对物象的感受与诠释方式，草草阅读后的议论，与这漫长岁月中的寻思，其分量自不可同日而语。但我还是勉强地写了，因为我毕竟部分地见证了这一过程，作为旁观者，有说出自己所感的责任。

我无从预料沈继光和他的伙伴的追寻之旅将延伸到哪里，他们将继续带给我们惊喜，则是我毫不怀疑的。

2002 年 9 月

开动的头脑

“物语三千”拍摄中的问答

问（高萍）：在题目中你选用“物语”两字，怎么想的？

答（沈继光）：似乎很简单，就是认定“物”自己是会说话的，会表达的，它一定有它自己的生命事件和附在它身上的故事。只要人，用心去体贴这物，自然能听懂它的语言，或者说，能听懂它的一多半的语言。

日本有《源氏物语》一书，我没看过。“物语”两字，每个人都可以有不同的理解并赋予它特别的意义，不必拘泥于“人家怎样”，“从前怎样”。

问：那三千呢？

答：拍摄三千张这样的片子。“三千”，让自己尽兴地玩的时间长些，同时也是给自己一个“使命”，一个担子，一个远一些的目标。正如我们上路，倘目的地远些，负重沉些，自身会涌出壮志之感，而且矫正脚下的偏离，也是在不自觉无意识之中。倘目标定得太近，都是眼皮子底下的事，就缺少了激奋勃扬，缺少了丰富复杂的过程，那不知会减掉多少人生趣味。

有时，事情也怪怪的，太现实了，太合时宜了，太合群了，反倒活得小心翼翼，如履薄冰。

也可能最后远远超过“三千”。您想，不同地域，不同文化，不同生活的人们所使用的老物件何止三千？三十万恐怕也不够。这是我根本做不完的一件事。

也可能，弄到“两千”就倒下了。旅人走着而死在旅途中是有的，那才是真正跋涉不停的旅人啊。我想，只要有可能，就好好弄下去。

其实，一件事情，一个思想，都不会单独一个人所干所想，世界上会有不少人暗自默默地干着同一件事情、琢磨着同一个思想，只是迟早有别，层次有别，角度有别罢了。所以，我们既不过于看重自己，也不过于看轻自己，唯有放下心来，只争朝夕地做喜爱的事。这次，遇高萍君，她诚心诚意帮助我做此事，属幸运耳。

问：“物语三千”的构想由来已久吗？

答：孤立无缘地突发奇想，我总不大相信，将前后时间发生的蛛丝马迹的事情联系起来，找出脉络，对于深刻思维和自我反省都极有裨益，也有乐趣。

从1984年拍摄《残片古城》开始，1997年又拍摄《老舍笔下的北京》，我对残存的建筑中所遗留的人的痕迹给予关注，比如经几代人居住和修补的老屋老墙，经几代人抚摸敲打的老门门钹，经几代人行走踩磨的砖石地面……

“经几代人”几乎成了摄影劳作中不可违的天条。

后来，也记不清如何发生的，进一步对于“经几代人”所使用的基本生活用具给予特别的关注，拍摄了圆浑乌亮的小板凳，尘封的袜子板，晾晒的絮了不知多少次的棉被套，廊柱上挂的旧竹篮……

那时候，这“物语”初始，朦胧，处于半沉睡的状态。这定位的最明显证据，是“物”仍作为那残存建筑环境的一部分，还没有完全成为占据画面的主体——我没有将物的存在弥漫成更强烈的物语。

清点我个人的艺术求索的路径，寻找“经几代人”抚摸和体贴留下的痕迹，已经成为一个重要时刻、重要转折、重要关口，甚至可以说，由于这一寻找，已经让自己触到了求索的核心地位，大约遇上了通向艺术最后一道窄门的门槛。

问：我也知道你对外来的学习和影响常怀着深深的感激谢恩，谈谈如何？

答：如果说“物语三千”的构思有相当部分源于外部的影响，我要由衷感谢学者王得后和赵园。

大约七年前，在他们家有茶几的过厅，中间似乎是阔叶参顶的木本植物，四周则是满满的书，得后拿出日本学者的编著一册，里面有几幅已经作古的生活用具的照片，尽管自己不懂日文认不出那用具的名称，但画面一下子让我惊喜而心仪。

我猜想，得后以他的洞见在引领着我的洞见。

赵园呢？在为《残片古城》写的序里，她已经异常清晰地表述道：

> 较之那类公认具标志性的城市建筑，沈继光借助摄影机镜头，久久注视的是那些更与普通人生相关的琐屑物件，半蚀的青铜门钹，凹状的门槛，用作护墙的磨盘、柱础、石碾石臼，长着瓦松的屋顶，沿街的水缸，门楼里的藤椅和小板凳，鸟笼、花盆和鱼缸……这也是作品中最有“怀旧”气息的部分。人的文化情感总是附丽于“物”的。对此《红楼梦》提供了经典性的例证。你还不难想到张岱的《陶庵梦忆》。甚至如王夫之那样严肃的学者、思想家，也写过《杂物赞》，当穷居荒山之时，借记忆中的“杂物”，怀念一种不能复现的生存状态，所传达的不止是一个城市的文化变迁，也是一般所谓的历史推移、时间潜流的消息和这动荡、流转留在“物”也即“普通人生”之上的印痕。他经由上述选择，

赋予了普通人的实践经验以形式的亲切性。

1997 年 2 月，赵园以她的深刻评定了我的《残片古城》，又以她的深刻开启了我后来的“物语三千”。

也巧，构思《物语》时，看作家张冠生《有涯随无涯》书，引用了马克思的一段话，我截取并变动了一个字，“财”变为“遗”，写成“收复人类生活，成为人类遗产”，作了副标题，端正和完善了拍摄“物语三千”的基础构思。

这样，历史、文化、变迁、时间、普通人生的印痕、亲切性、遗产都囊括其中了。

问：在你其他的艺术创作中是否也进入了对“变迁”、“时间”、“人生印痕”的关注阶段？

答：1996 年前后，画了一批带有自传性质的油画，表现我怀有的梦想、我的心灵经历、我曾希望会怎样，我现在认定的世界是怎样，我给我创造了一个微小瘦长裹着黑袍的可视的精神形象……几年里，我所塑造的黑衣人徘徊奔走在废墟、荒野、胡同、山峦、海岸等等苍凉的诗境里，徘徊奔走在风雨暗夜的画面中。自己知道，把心灵心性的活动展开，弥漫在绘画作品的形象、色彩、笔触和构图的节奏中，几乎是画家的根本职责。

那时我记下如此的文字：

画面的人物和景象都成了内心的象征物，自然界的春夏秋冬和社会五颜六色的转换几乎不在我的绘画考虑之中。

另外，我去年整理的《时光抚摸——幸与不幸的十年长信》书稿的自序，也留下了思考演变的痕迹：

十年长信，所涉身上、身边之事，或经历，或体验，或感悟，或做功课，有所记载，有所流露。甚至信尾签期，如“夜一时”、“凌晨”、“二十三点五分”、“星期三中午”，如“中秋前几日不知”、“何日都行”……皆能观察出那年月，那时日，那分秒由于做了些什么而想到了什么，乃至又唤醒了什么，选择和回答了什么。

一下子，我感到过去的时光是可以抚摸的，抚摸得如此真切。

抚摸的只是时光吗？时光对于我们来说又是什么？开始不知道，后来慢慢清晰起来，书信的文字分明雕刻着生命在那时光中是如何走过来的。

“逝者如斯。”借着对时光、对流水的感叹与抚摸，有了真正对生命的抚摸。尽管在抚摸中我再次发现了自己性情的软弱、识见的简浅和字句的磕绊……虽然以上的摘引，略显冗长，但您可以解析出，“物语三千”不是我局部的、短暂的“记录”与“抚摸”，而是我自己，进入到了这样一种宁静、沉稳的心态，一种生存方式。不在于是绘画、摄影、文字或什么专业，我们已不再计较专业的区别，而全力关心的是那高迈的视野、心境和心态。

人，不必和景仰渴慕的圣贤、大师、学者生活在同一时代，也不必和他们从事的职业、技能、风格相同或类似，人，只需能和他们——你渴慕的他们，有一个大略相同的心态，这才是根本的根本。

有格言："所有的大师是同时代人。"同什么时代？就是不存在的那个时代的一种伟大的心态，而那心态的取得，正是他们一辈子锤炼净化自己的人格、气质、学问、智慧所不期然的结果，正是他们选择了不违自身天性和志愿的生存方式的结果。

首先需要的是内心的、生命自身的渴求，否则不会长久。借着经几代人生活与使用的老物件而传达出自身生命的语言，"物语"实为"人语"，"物境"实为"人境"，那亲近亲切的融合，那物我两忘、心领神会的交流，是多么生机勃勃的生存状态，是天天有所得、天天如醉如狂的生存状态啊！

这状态引我们进入了一个"深"的过程，甚至连我们自己也发现，拍摄"物语"之前和拍摄"物语"之后，虽只有半年，我们自己也不一样了，我们也深些了。

我们自己也同以前不一样了，这就是拍摄物语的收获。

问：“物语”，那老物件真让你们听到了什么吗？

答：高萍和我在京西门头沟的山区村落，拍了不少老物件的片子，其中一幅是古老的山道上背水的木桶。看到了木桶的背带了吗？一个女性，一个早晨，一边干着活儿一边梳理着头发，并且细心地将脱落的几缕长发收敛起来，掖在床下，不知道这是她在什么年龄和从哪个清晨开始做起的。十年如一日的积攒，尔后，她把这整把整把的头发编成了结结实实、宽宽厚厚、经年不毁的背带，系在了木桶上，让她的亲人在拾阶背水的时候，手攥着它、摸着它、胸膛紧紧贴着它。

这位拨动心弦的女性，是要给自己还是给亲人留个念想儿？我真想知道。

终于不知道，又终于似乎知道了。

在拍摄开始，我是怎么也猜不出那木桶背带是由头发编成的，以为是棕麻一类的植物纤维，还是桶的后继人指称，着实让我大大吃了一惊，又让我做了如上的神游遐想，以达到我所认定的“物语”。

那位女性早已不在了。人不在，但我仍然从木桶的背带上抚摸出她的怦怦心跳，仍然从照片上、那逆光下毛茸茸金灿灿的头发背带上倾听、读到她的婉婉亲昵的语声。

问：是“物语”，又不是“物语”，基本来源于“你的语”？

答：为万物代言，那语言正是你的胸怀，你的理想，你的世界，你的情感，你的视野和境地。诗境是为诗人所设出，画境是为画家所发现，谁能欣赏和洞察出物的或人的光彩，那物或人便是属于谁的。

你要你那研究的对象生动、真实、富有意义，诉说着永恒的话语吗？那你自身首先要有被感动的能力，有面对真实的勇气，有赋予事物意义的头脑，有追寻永恒的一颗从不停歇的心灵。

当然也不会是全具备了再做，而是边做边深入，“物语”和“人语”交流、学习、互动、彼此给予和完成。所以我常常简单地说成：“你好了，一切都好了；你坏了，一切都坏了。全由你。”显然，这里的好坏两字不是一般意义上的好坏。毕加索有箴言：“你自己就是一个太阳。”他指着他刚刚画好的一张肖像作品对那个被画的人说：“你将来会像他的。”

请注意，毕加索在这句话里究竟要表达什么意思？——作品要比现实的物或人更好。艺术家的天职，似乎就是引领人或物，引领他所在的世界达到艺术家所认定的那个人或物的水准上、那个气象上、那个境界上、那个勃扬激动的大千世界上。

如果说到照片，我对已经拍完的照片有一个要求、一个标准，就是那个被拍照的人对着他的照片说：“我要是能像他那样该多好啊。”

照片上的他，是他，又不是他，照片上的他在引领着、激励着生活中的他走向新的生活、新的人生。由于拍了一张这样的照片，他从此不一样了，他学好了。

问：照片上的他，不就是被照的他吗？我还是不明白。

答：那个走向新人生的被照的人，恰恰是因为看出了照片上的人与他自己的差别。不是皮相上的，那一定是气质、品格、灵魂、学养……上的差别，不是小的差别，而是大的差别。正是这大差别，震动了被照相的人，使他说出那一句极真诚又极渴望的话：“我要是他该多好啊！”尽管那相片本就是他。

我猜想的这个经典故事，是极力告诉自己，艺术家应该具有的能力到底是什么。故事告诉自己，那个“差别”是艺术家要找到、要表现出来、要在作品中实现的，以此引导人类进步。宇宙恢弘，大千壮伟，世界混沌，没有它不能有的风采和复杂，没有它不能有的高迈和勃扬，只是我们一般人没有想到，甚至没有梦到；但艺术家可以用他的作品告诉我们，让我们如此感知。

所以，听不到艺术家声音和看不到艺术家作品的社会，该是一个多么平庸浅陋和无知的社会啊。

问：你还能讲讲“物语三千”的故事，以及由故事引发的新的故事吗？

答：您看到编号0055那张“炕席上的枕头”吗？枕头两端，是由二十几块碎花布头拼缝而成，细看那花色，那针线，那对称的图案，在清贫的背后，竟是极认真活泼的生活态度。他们爱物惜物，不轻易丢弃一丝一线，不轻易扔掉一木一石，在这块有限的田园泥土之上，不弃一物地用尽用完，并且用好，用出了智慧和爱心，用出了美丽和勃勃生气，您在这些老物件的光彩中真正看出了“天人合一”的哲思和实践。这“天人合一”，决非我们报刊上用滥用俗了的、自我标榜的“天人合一”。

其实，那美丽的枕头，就是我和高萍在门头沟爨底下收复“物语”时，住在那家的妇女做的、用的，她与老伴的勤快与朴直让我们感受到人间的亲情与信任。

又比如那圆浑温厚的小油灯，灯体一侧还有连体的云头图案的立板。灯，可平放，可悬挂，使用起来极方便。对于将交付出去的这盏小小油灯，对于将要使用这灯的主人，我惊叹做灯的艺人所具有的善意和匠心。

小油灯，包含着伟大。任何伟大的事情都不可能是在匆忙中完成的。善意和匠心，是在不计名利的缓慢中诞生的，我因而喜爱以前的缓慢的节奏和这节奏带来的温情，我因而喜爱以前的缓慢的品位和这品位带来的回忆。

问：我观察到，你不光是拍摄在其中，而是生活在其中，沉浸在“物语三千”的生活方式和环境中了。

答：对“物语”的追往，不如说是对“物语生活”的追往，这提到了问题的本质上。当我们兴奋激动、早出晚归地拍摄物件和存留物件的美丽山村时，我们更是沉浸在那温厚、有着永恒信念、有着“好好过每一天”的生活态度中。

我也由此不断地在讲解倾听中感到：现在的、忙碌的、时时失掉自我的社会，并不是我过去所向往的未来；而从古朴温厚单纯而且缓慢的过去中，我反倒找到了可能的未来。历史从来是斑驳的，混沌的，反复的，交叉的，轮回的，逆转的，互动的。《进化论》的真正译名是《天演论》，这不光是一个字词、书名的翻译问题，而是一种思维观念的差别问题。

我们也许通过“物语三千”，通过燕赵文化中的老物件，进而去寻找齐鲁文化、三晋文化、吴越文化、巴蜀文化、台湾文化、西域文化、徽州文化、荆楚文化、三秦文化、关东文化、岭南文化等等文化下遗留或正在使用的老物件，会为我们自己，作为深爱艺术的人——找到一种生存状态，一种能说出我们自己最想说出的话语，会让我们有可能一步一步地靠近自然、靠近真理、靠近人类的普遍情感，摸索到更合于人类本性的生活方式，而这种生活方式，对于我们生活的地球环境也是有益的。我喜爱用“靠近”两个字，因为它让我总保有一种卑微、边缘和努力学习的喜悦。

收复人类的生活，成为人类的遗产，已成为这个星球——美丽星球的一份独有的遗产。这是说大话了，但我们知道，“物语”的工程会是由千万的大家用千万的爱心来继续做的。

沈继光 于地藏庵

2002年3月2日

老物件：复活平民的历史

沈继光、高萍互问录

高萍：从2001年的隆冬，到2004年的春日，涉足燕赵、中州、三晋、巴蜀的几个村落古镇，拍摄老物件。眼下，竟整理出1200多幅照片，总算有了开始。

审视“开始”，不由产生了困惑：面对先人几百年来生活劳动的广瀚丰饶，我们记录的，未免太渺小零星，正如大海涌动的浮面上溅起浪花，目力所及而被我们幸运见到的只是几朵而已。由此，不禁想到以前，我们给拍摄系列所定的题目，是夸下海口了。

沈继光：记得，我们最先为拍摄取的题目：《物语三千——收复人类的生活成为人类的遗产》。尔后，《物件之语——拾回昨日的碎片》。再后，《老物件——复活平民的历史》。在口气之大的感觉中，又包含着视野之大，收揽之大，目标之大，怀抱之大。这就错了吗？瞭望大海，欣赏整个天海世界的胸襟并没有错，而且难得呀！

我们知道这样的话：实现历史的终极目标，即“让往昔复活”，即“使其真实可见”。请出昨日的文明碎片，恢复生命，这肯定是我们正努力在做，并真正是自觉想做的。我们同其他人一样，希望理解人类（特别是平民）曾是怎样生活的。

正因为题目有“收复”、“人类”、“生活”、“遗产”、“平民”、“历史”，它们崇高敬远，激励舞动我们从一个村落跋涉到另一个村落，从一个老物件摸索到另一个老物件，去发现、体贴、摩爱、拍摄、记录，使我们在卑微、尘封、杂乱、惶恐、僻远、困苦的劳作中，收拾一朵又一朵大海的浪花、一个又一个昨日的碎片、一幅又一幅平民生活历史的老物件。

你看，我们不正是从具体切实的事情上，把最远与最近、最大与最小联系起来了么？也许就是远与近、大与小的反差对比，才形成了张力、凝聚和吸引，让我们这些社会的边缘者做起事来如此倾心又如此用心。

面对辽阔的田野而开垦着眼下几分田地的感觉，与我们手头的工作有些相似。开垦者，更多时间低头下铲，一铲下去，就是七八斤重的一块泥土，被垦掘翻松。一铲接一铲，一块挨一块，辛苦是辛苦，但劳动结结实实，心里也踏踏实实。偶尔歇息，擦一擦汗，直一直腰，抬头再望那辽阔的田野，看到的，将是更多的那些被开垦和庄稼丰足的景象。“看”，包含着想象；想象，充盈并引领我们生机勃勃地开垦。

高萍：永无休止地开垦吗？

沈继光：再努力，你也只能开垦一部分。应当留有其他——由你的伙伴们来开垦。共同开垦共同欢乐，共享劳动与欢乐——让共享成为一种伟大的思想。

别忘了，我们还要留下根本不必开垦的。比如沼泽、山坡、树林、牧地……让它们和被开垦的土地并存。有田有野，人文自然，那才是真正的大风景，大气象。

高萍：两年前的对话录，就提到：老物件的收拾，有待于千万人一起做，一起保护和承续这份属于中国也属于全世界的遗产。我们俩只做一点点，一旦给自己有个恰当的定位，真是“放下心来”，获得了解放似的。

请原谅，我还有一个问题。

沈继光：“原谅”？不必。提问题，是对彼此最好的奖赏。思考是从问题开始，问题提得好，答案就有了一半。西方文明高度发展，正基于他们的问题意识；我们社会的几度停滞，很大程度是因为缺乏问题意识，以至于扼杀了有问题意识的人群。在“一统”、“一致”、“一律”的专制舆论中取消了“问题”，当然，也就取消了思想。在没有了提出问题的人的社会，该多么空默阴森，“万马齐喑究可哀”呀。

高萍：拍摄工作弄了一段之后，越发觉察出：老物件的记录图像与以前出版的文物画册有着极大的不同。他们大部分记录的，是皇家的殿宇园林、陵寝寺院、城垣大宅。即使有物件，也都是历代专权者如将相官宦、贵戚名士的物件，其质地，或金或银、或珠或玉，其用场，或摆设、或供奉、或陪葬、或私藏、或赐予、或玩赏，极尽奢华雕饰，价值连城。天下人问津者少，见之者更少。

我们呢，这次将平民最基本最普遍最实用也是最重要的（对平民而言）劳动工具和生活器具的老物件，诸如：耪、耙、镰刀、牛轭、夜壶、钉拐、有枣核钉的山鞋、袜子板、纺车、洗衣棒、羊毛剪子、挖煤的电石灯、钩獾的挠、铸有字的秤砣、拨浪鼓、油篓子、制作马鞍的量具、背水桶、皮幅和瓜瓜子、针钳子和针葫芦、做糕饼的模具、有补丁的簸箕、鸡笼、鱼篓……还有认不得叫不出的，都一一摄影记录，搬上画册，刊印成书。

这似乎是头一遭。

我以为它不是简单的补白，似乎要完成什么使命似的。

沈继光：我们和它们没有擦肩而过。

为什么在中国，最具人类生活标志性质的这些劳动工具和日常器物，长久以来被记录刊印？这，不能不发人深省。

历史，难免是御制的经典。真正的文学家、艺术家、历史学家，要弥补历史大片大片的空白，他们更看重那些人间生活深处的复杂与交错，在被普遍遗漏的地方，去询问那些沉默、平凡、独具的劳作、话语和心魂。

他们最可贵的，恰恰是不满足于历史描述的简化。

20 世纪与 21 世纪之交，是中国开放并接受人权、人文思想，与世界公认的基本意识接轨的时期。于是，开始出现许许多多的"头一遭"，表现出对平民生命、生活和平民历史的初步尊重，逐渐地把平民命运的诉说、平民居住的村落小镇、平民几代人使用的劳动工具和与之相伴的老物件搬上图书。被阉割、被漏掉、被遗忘，乃至被歪曲的历史，缓慢地恢复了原本的面貌，往昔，终将复活，水落而石出。

放在这个大环境里，看"老物件"幸运地被刊印成书，就有一点历史的意味了。

谈到书，不能不让我们想到《天工开物》。它是明朝宋应星的伟大著作，是世界第一部有关平民生产劳动的百科全书，配有一百多幅极其重要的插图，内中对劳动技术、工具、原理、器物的记载，具体、准确、详细。我第一次翻开书，它的"细"让我惊叹了，读下去才知道那"细"里面潜藏的心血和信念。宋应星在卷首开宗明义："卷分前后，乃贵五谷而贱金玉之义。""丐大业文人，弃置案头，此书与功名进取毫不相关也！"自豪地表明自己与皓首穷经、追逐高官厚禄者决不同语。

就是这样一部大作，曾经在京城“遍索之厂肆无所得，询之藏书者均谢不知，惟余友章君鸿钊云，曾于日本东京帝国图书馆中一见之”。（丁文江：《重印天工开物卷跋》，1936 年）对书的忽略，导致了书的失落，正看出在中国这块土地上对整个平民阶级劳动与生活价值的忽略，到了多么可悲的地步。

高萍：看来，许多似乎不相干的事，其实是一个脉络，由来已久。你讲《天工开物》的际遇，加深了我对宋应星——这位隔了多少代的老前辈其学问其胸襟的理解，感觉无形中接受着他的恩泽；也加深了我对《老物件》题目中平民历史的理解，好像是在接续宋应星，在其著作的边边角角做着今天摄影画面的补充。

似乎，宋老前辈就站在我们背后，对我们傻里傻气的补充，会意点头呢。

我们，是应该常常问一下自己：“为什么这事情在此时此地发生？”远望观察，上下、左右、前后也发生了什么事情，从而找到事件之间必然的关联、结构、逻辑和影响，找到一个整体的系统的时空。正如我们学绘画，初始、过程和最后，都总在强调整体观察，整体关系。深究起来，能做到底的，不过百中一二，因为的确很难。

倘能接近这种状态，我们就是在历史经纬的编织中有意识地生活了。

沈继光：看起来，问，是多么好呀！

高萍：我，还是想对你“平民”的发议，提供另外的证明，证明“老物件”与平民存在着一种特别亲切的关系。

你还记得吧，在中州的赵庄和腰铺村，我们把场院里堆积的木掀、竹扒，扛在乡人肩上形状少见的锄，挎篮里的短铲……搁在地上拍摄。一边拍，一边要他们告诉我们：这叫什么，那叫什么，这是干什么活儿的，那是怎么个用法？老乡们呢，竟表示出意外的惊喜，他们聚拢成圈，把我们和工具围在当中，仿佛那工具成了异样，纷纷发问：“这也可以拍吗？”“拍它们干什么呀？”“我这老犁老锄，还真没有谁这么正眼看过呢。”

是的，农人一生，以拥有手汗把攥的劳动工具而放心踏实，那是他谋生并创造一切价值的金贵东西，那是他日夜操劳不离身边的伙伴。到过农人家的，都会发现：一进院，就可以看到他挂在墙上、靠在窗下的那些干活儿家什，被收拾得干净利落，像他的孩子。他不可能离开它，他们是亲切的一家人。甚至，我还见着，唯一的屋舍里，除了那个炕，就是炕边立着的那些农具，生活贫困简陋，彼此相依为命，更不能没有它。

亲切的原因还不止如此。许多农具是乡人自己或邻村店铺帮忙打造磨制的，我分明见过那割麦的镰上，烙印着

“毛”的字号，那是他邻家姓毛的铁匠给煅的；我也分明见过乡人以自己的双手育树弯杈，锯下来加工成木杈，分别做成挂架、擦子、刀把、马蹬……那起苗的短铲，木把儿坏了，他用玉米核代替，照样结实。在乡人眼里，什么事都可以自己动手做，磨成、锯成、劈成、打成、弯成……农具和物件就这样一个个诞生了。身边使的，没有不可以用手工做的；地上长的，没有什么不能用的。他们活得多么踏实，多么自信，多么安静。

你怎么看待这些呢?

沈继光：卢梭有言：“在人类所有一切可以谋生的职业中，最能使人接近自然状态的职业是手工劳动。”正是代代相传的技艺、工（农）具、天然的材质和手工的性质，正是在工（农）具物件的制造过程中，双手和视觉、触觉、嗅觉乃至腰板、肩肌……与脑的活跃协调，人与人之间的互动配合，这一切，都留下了同时又唤起了我们无比的亲切感。“我们”指的是什么人？无论是那些古老正直的铁匠、木匠、泥匠、手工艺人，还是那些把攥农具劳作的乡人，又或是对此情有独钟的其他人，都是“我们”。我们也是“我们”。

同时，借着那些石质的、木质的、泥质的、竹质的工具或物件，把攥和抚摸，像是浸于山石、树林、泥土、丛竹、苇沼的大自然恩泽的怀抱，又都留下了、唤起了我们强烈的亲切感。这一层层的“亲切感”，让我们在拍摄农具和老物件的过程中，和它们的主人交流起来，也是自然亲切。

回到你刚才讲的，在中州拍农具的那件事，针对那个老乡说的话，我也是不断发问：“谁对那些司空见惯的工具正视过？记录过？褒扬过？尊重过？”其实，对农具的尊重，不也正是对使用农具的人和他劳动的尊重吗？！

我们呢？也有窘迫之感，众目睽睽之下，做这种艺术创意，与平日离群索居的创作环境大相径庭。但，转瞬间，我们自己就静下来，蹲在地上，将那些沾着土、带着汗的农具摆放得颇有意味，方向怎样，谁挨着谁，谁压着谁，错落有致；车辙潜印的泥土地上，还有些零星的禾草……一切都稳妥了，然后我们揿动相机的快门，拍下来。忙乱中，我们很快能静下心来的原因，和乡人们向我们投来的亲切，真有关系，那温厚淳朴的眼神，让我们相信，拍摄这件事，做得对。

高萍：从“亲切”的话题中还能引出什么话题吗？

从此话题引出彼话题，就是问题的过渡，问题的诞生。

有一次，张冠生先生陪我们去乡下拍摄，乡里一位读过书的老人带着我们走户串巷。正走着，忽然有村人赶过来气喘吁吁地说，自己家有上辈子用过的全是木头做的播种家伙，在柴房里一直搁着。听说我们来了，就抬出来，专等我们去拍摄。

这样的事，断断续续，从这村到那村。你看，平民乡人由最初围着指划的惊喜，渐渐转化为对自己劳动历史书写记录的参与，转化为对自己劳动历史复活记忆的承担。人类学大师弗雷泽说："一切理论都是暂时的，唯有事实的总汇才具有永久的价值。"也许，这一件件带着体温、带着手泽的农具和生活物件，就是一个个具体的"事实"；拾回、收拾就是汇合，它们终将成为有价值的、丰饶生动的人类历史，供后来者记忆、研究，并启发提醒后来者，寻出更为适合人类生活的方式和方向。

高萍：难道，你不认为，我们对"老物件"倾听和读解的能力，是在拍摄老物件的过程中，才得以见长的吗？

沈继光：谢谢你这个既是发问又是回答的沉思之果。我很兴奋，甚至想把这沉思之果的芬芳扩散开来。

高萍：看你如何做这个飘香的工作。

沈继光：回忆一下，我们和画家丁军在晋南丁村。那是个黄昏，到做豆腐的人家拍摄了几张照片后，即将离开。这时，聚拢的十几个乡人中，有个教员模样的男人走出来发问："照这些不起眼的箱屉、压石和放豆腐的大盆，能给人带来什么呢？"

我们从拍摄包里掏出一本整理好的、有四十幅照片的《老物件》，请他们看。他们——老少爷们儿、大妈大婶、小姑子、小媳妇，又围了个不透风，并且不知从哪里来的认真，竟然一幅一幅地抢着认下去，手指头成了堆，又伴着叽叽喳喳，什么“褡裢”、“墨斗”、“马勺”、“马镫子”、“针线笸箩”……几乎每翻一幅，就是一阵惊呼。尤其翻看到“夜壶”一幅，更是爆出一轰嬉笑，仿佛有什么秘密被猜着似的。

从“惊呼”从“嬉笑”，我们已经意识到老物件的记录收集，对普通人来讲，是贴近的、亲切的、虔敬的、温厚的，是对人性的抚摸和吟唱。

离开做豆腐的人家，夜幕降临。我们要回住地，吃点饭，整理这一天的拍摄记录。虽然没有及时回答那个教员模样的人提出的问题，但他乡邻们的笑声，已为我们做了最好的回答。

这乡邻们的笑声是一个“飘香”吗？！

高萍：是的，我们每寻到一个老物件，都伴着不同的惊喜和感动，继而猜测、问询、研究、体贴、端详，继而又丈量、拍摄、记录、画图、收拾，还有拜谢主人的善意和帮助。当然，这其中也伴着陌生、捕捉、排拒、打扰、周旋、破费、禁忌，等等。我们不是和一个因素打交道，是将许多因素同时考虑，然后给予妥妥当当的安排，这其实，正是对人能力的培养和考验。

我们俩自制的那个《物语三千》记录本，用完了六本，每页都按 5×6 厘米的空框顺序排下。专门在摄影时画图其内，并在外侧记下各项：物品名称、规格、材质、用途、年代、物主、拍摄时间地点、特殊注明。

你还表扬我，说我画的图朴实纯正。真不好意思。给我印象深的，是在一个记录本的底页，你写了寄望于我的话。尽管我到现在，也未能完全做到，但从中的获益是难忘的。你看，那本子我都留着呢。

（读本子底页的文字）

* 力求真实、翔实。认真盯住“这一个”老物件；
* 不怕多记，就怕少记。这是身边正在消逝的历史档案——活的档案；
* 多问，问多人，重复问，问到底，问究竟；
* 当时问，休时问，晚间问；
* 当时记，休时记，晚间补记；
* 查字典（专业字典），查村史，查县志，查当地售书介绍，查历史书；
* 列举记录物件的材质。木头的一一问清记清：什么木（树种）？树的哪部分（根？干？枝？）？特性（硬木、软木……）？为何取这部分？对功用、使用起什么作用？是否此地产此木？谁加工制作的？到现在使用多久？……

这是2002年4月20日发生的事，本子上有日期。

沈继光：拍摄过程中涉及那么多事：发掘、挑选、弄干净、擦拭某部位，摆在什么环境，黑布遮蔽多少背景，物件是立是躺是交错是并列……这还没完，还有相机的一摊事，支三脚架，换镜头，打反光板，研究构图……在如此的紧张中，要拿着本子，记录各项；拿着盒尺，测量高矮宽厚；还要追着物主，询问这物件的履历以及其中的故事。如果物主能说些近似的普通话还好，遇到满口乡语，我们是干着急，无论多用心，还是听不明白，记不下来，一点办法都没有。你、我，为了缓解劳累，曾常常调换一下位置：一会儿我拍，你记录；一会儿你拍，我记录。干了几回，我发现这记录太麻烦，太费力，到头来，不是缺这项就是缺那项，不容易让对方满意，更不容易让自己满意。我心知肚明，就偷偷使坏，干脆狡猾下去——大部分时间让你记了。

以前，我这话只藏在肚里；现在跟你说出来，心里倒踏实了。

高萍：其实，我早就看出来了，只是不说而已。我多干些吃力不讨好的事，没关系，只要你能坦白。

再说了，拍好片子后，所有图注的正式文字，不都是由你来写嘛。在书房里一趴就几天，最后弄成上百条的图注，又是几万字。这辛苦只有你自己知道，当然，我也知道。剩下的事，我将这文字打印出来，咱们反复校对，再一起剪裁，再一起往书稿的每张图片下面贴。圆桌上《老物件》一幅一幅弄出来，我们像喝了二两酒似的。

沈继光：尽管，拍摄老物件是对以往时光的抚摸，但今天劳作留下的图片、文字，还有一本本、一张张不像样子的涂涂画画，狂言戏语，好像时光也将这些抚摸，也将我们留在了时光里。

高萍：三四年收拾老物件，你有没有力不从心，没有把握，甚至悔恨自己的地方？这问题是很能让你出丑的。

沈继光：诚如你的提问，一直特别让我感到巨大困难的，是自己学识浅薄。

老物件，它似乎小，但具体、非常具体，它们一件一件出现在你面前，却有着千差万别的丰富，展示了历史生活无限的多样性，勾画出不同人、不同地域、不同气候、不同时间乃至不同作物，不同工具器物等等以人为活动中心的历史脉络（尤其是我们百般寻找的平民的历史脉络）。

老物件，面对它，你要感觉，你要判断，你要解释，你要说出来龙去脉；这涉及的经验和知识，有社会学、民俗学、人类学、地理学、植物学、工艺学、材料学……连那学科的名目，我也叫不上来。百科百学！当着应该具备的种种经验知识，当着应该具备的基础的文献阅读，我们真真是两手空空！我们真真地感到自己的卑微和无知，从来没有哪一次像这次一样感到彻底的无能为力。

是啊，对研究对象整体的感觉和把握，如果没有严肃扎实的学问和文献的准备，就很难做到。“我喜欢不就行了”、“我富于激情”、“我感觉比较好”，这些流于习惯自信的话语，此时此地面对这些老物件，都代替不了真知灼见的学问和准备。“喜欢”只有在它们的绝对陪同下，才会对物件产生准确而丰富的感觉。否则，“喜欢”导致的四个字是：“肤浅的空。”

高萍：你能把它具体化吗？看来，我们要一起“出丑”。

沈继光：你清楚：在四川羌寨，人家拿出一方乌黑发亮的古老印章，木质，据说是前三代人用过的。我刚一兴奋，眨眼，就掉入了迷茫。怎么回事？我愣愣地看着那印章印文，古篆体，只辨别出四个字中的两个字：□□之宝。最重要的两个字，再睁大眼也照样认不得。在古篆印面前，我几乎是个盲人。虽然以前曾捎带看过一点点篆学方面的书，出于喜欢，但那“捎带”和“一点点”面对老印章的严格考验，也就只能认答出“捎带”的“一点点”了。

那是在羌寨发现的老印章，可我对羌族羌寨的渊源没有一点研究，拿着实实在在的印章，可究竟能唤起什么实实在在的感觉？！对着那时空交错中的历史遗物，谈何把握？！我们很痛苦，在该是我们去感觉去辨识去承当，我们未能承当，丧失了最好的时机。由此，我想起西方科学家的一句话：“机会是留给有准备的人的。”

还有我，辨不出酒缸和水缸形制的区别，辨不出纺线织布的各种工具。火镰里的绒草到底是什么植物，这提篮的编织物是荆条还是柳条，旧医箱里的《校正医宗金鉴内科》是怎么一部书，牛扣槽到底是怎么使用的，电石灯在矿坑里怎么个持法……直对种种，我不敢分辨断言，原因就是以往所学脆弱的知识，无论在结构还是在内容上，都远远不够；以往那许多课堂教材，多的是主义的色彩，少的是问题的坚实，多的是历史的浅陋，少的是生活的丰杂。直面着身边正在消逝的真实历史，我们懂得了谦卑，并开始新的学习。

高萍：这次的学习别具一格——

是天南地北，是五花八门，是田里用的，是家里使的，是役牛喂马的，是背禾打稻的，是储粮腌菜的，是温酒饮茶的，是提鞋挠痒的，是养蜂磨面的……那农具器物，件件生动活泼，个个历历在目。我们这家看看，那家摸摸，串了这村，又去那镇，爬这山阶，涉那水流，作为城里长大的，能上如此的学校，能得如此的恩赐，幸运呀！

沈继光：我们在认识自己无知浅薄的卑微中，又庆幸自己获得了一次直面丰饶生活的机会。

高萍：越往后，我们拍摄的感觉越好些，身心都活跃起来，眼睛、大脑和手灵动着，好像同物件一起演着一个个连续的情节，传述着一个个连续的故事。我们记录昨日的碎片，代代消逝，代代记录，又代代承续。也许，从这个简单的眼前小事，能窥见出文明的意义。文明指的就是历史在承续中的演化？

沈继光：我不敢回答这个大问题，但“文明”两字里一定有你感觉到的这个意味吧。

我们不是受刘元生、李世强两位老师之约，在北京三味书屋举办过《老物件》摄影作品的展览吗？虽只是百余幅片子，但那许多参观展览的读者留言，多少可以验证一下我们的感受，包括对文明的认识是否对头，是否贴近。

高萍：你看这几句——

* 一种生活方式终将慢慢逝去，但与生活方式相联的文化却将绵绵流长。
* 只求知天下。
* 无比亲切。
* 这些老物件已渐渐远离了我们的生活，但，昔日的辉煌与沧桑，却给人留下了不可泯灭的记忆。没有上古的石斧、石镰，就没有今天生活中×大件的风范。

你们捕捉到的这些老物件的身影，只是人类历史长河中的一些沙砾、卵石，水流走了，但它们却静静地躺在大自然的怀抱中，继续见证着人类的进化。

你们的这片冰心着实令人敬佩。

* 一瓢一碗，一点一滴，一条肌理，一个锈点，我看到了这些老物件平凡后面的不平凡，让我认识，了解并享受它。

* 这些摄影作品不仅留下瞬间的艺术，而是凝固了永恒。小物件折射出了我们文明的历史。

* 看了影展，总能感到你总会走到我的心里，谢谢!

还是旧时的人讲究，物品非常专业细化，而且不离开自然本土材料，竹木、石陶，有地气，才有人气。喂牲畜药的都有用具，现在喂人都没有。虽然我家有加湿器、空气清洁器，但它是商品，别人家和我的一样，没有什么牛逼和新鲜,但你的“老头乐”是手工单做的，有点残，也是天下独一份，而且是让人肉和汗浸过的。许多东西，不知名，更不知其用，丢失了就丢失了人的元气……

你的照片好在是在原环境位置拍的，有着原汁原味。不是像我拿回了家，而国家又拿回来放在铝合金玻璃大柜的博物馆里。

你的照片不只是记录，还有光，还有意境，如“男女鞋挨着”、门环、炕笤帚等。（高星）

沈继光：高星成了我们的战友，或者说，我们成了他的战友，在一个战壕里，共同保卫先辈留下的文化遗产，尽管我们和他很少见面。看来，许多人同时和相续来做一件事的现象是不奇怪的，何况那是极具吸引力的事呢?!

高萍：

* 看了老物件，它们神态各异，极为难得。我们喜欢你们独特的眼光发现旁人未能发现的物件。
* 我欣赏它们，也欣赏你们的智慧。
* 视觉的冲击，让我看到了照片以外的东西。
* 您让我们感到人间最朴素的美。
* 谢谢您展示给我们的一切！虽然我们已不年轻，但我们看到了更为悠远的历史与文化。

……

就读到这吧。我把你认为“爱听的话”，不只看做褒扬，更重要的，是希望我们以后达到他们希望的那样子，或者说，他们看出了这些片子里好的苗头，指出来，让我们成长去。这如同舞台演出落幕时，台下一片掌声。其实，这掌声多半可能出于礼貌，而演员倘不假思索，傻里傻气以为是自己表演得怎样出色，那他真缺乏自知了。

我看咱们别犯傻气。

沈继光：私下里我愉快品味的，还有从留言簿上的笔迹、语调（姿态和口吻）、关注点，可以想象读者一个个的相貌神质，甚至那标号符号的或轻勾、或重划，都极有意思，都能嗅到他们的性情气息。

对了，从人家的评定中，指出了拍摄中的一些苗头，也可以称之为问题，我们是否该认真讨论一下？

高萍：不过，问题不止一个。留言簿中特别谈到摄影“不只是记录”，还要有光，有意境，摄影“怎样在瞬间将老物件凝固为永恒”这可是一个如何使用摄影语言、如何确立独特艺术原则的大问题，也正是我们热衷探究的大问题。

沈继光：很欣赏你“猜”和“摘取”问题的能力。因为具备它，也就等于为解决问题清理了杂乱无章的现场。

我们工作初始，比较泛泛地记录了几代人使用过的物件，甚至在图注上，也只写“锄”、“夜壶”、“鞋楦子”一类笼统一般化的名称；后来，拍摄深入，渐渐推及对准老物件上被时光和先人手泽磨蚀、浸润、缝补……的紧要部位，给予特别的关注，观察其上的变形、破损、积垢、凸亮，认识到：世上“只有这一个”。

“只有这一个”，最具体、最丰富、最有性格、也最有魅力。

比如：用十几个锔子锔过的粗瓷大碗，磨得圆润光滑又有裂纹的背柴草的聚子，失掉一个提耳的用纸浆桐油自制的酒壶，用粗铁丝缠绕以代替摔掉把儿的夜壶，柜门上满是油渍的铜秋叶，浸成黑褐色厚实沉重的年画刻板，缺齿的搂粑，堂号字迹模糊的量具，贴布补丁的缸质菜坛……

当你看到“只有这一个”，你几乎就意识到历史、时光、人性、故事……这些词语的真正内涵了。

“只有这一个”，引诱我们早起晚归、如醉如痴。但是，用眼睛捕捉到这些染上平民历史光辉的“这一个”是一回事，如何用摄影语言表现出“这一个”，又是一回事。

高萍：许多大师讲过：没有摄影，我们对周围世界的认识将会大大受到限制。摄影，不但是极重要的历史刻录工具，也是一种创造手段，它将表现出我们关注的那个世界的性质、奥秘、状态、精度、变化，而成为详尽的永久性的艺术作品。

怎么才能表现出那被关注的世界呢？一是，了解摄影的本意。摄影，初始的词义是“用光作画”，所以对光的敏锐捕捉和特殊处理，成为第一个基本条件；二是，必须意识和掌握，镜头本身可以做到的与人希望使用镜头最终做到的两者之间的差别，这成为第二个基本条件。

出于对两个基本条件的探究，对自己的、别人的、“公认”的摄影经验的探究，加之，对拍摄“只有这一个”老物件而超越以往经验的探究，我们缓慢地积累了些较为稳定的拍摄方法，维持着老物件的表现力，力求浑厚、古朴、深沉。

沈继光：是呀，没有一个真正的艺术家，会丧失对“表现力”顽固的执迷。由艺术家面对物象的感动，转化为读者面对作品的感动，唯一需要的正是艺术的表现力。

我给真正作品的定义：它（指作品）经得住有质量的观众在它面前驻足，感动和长久的沉思。

我们虽然很难达到，但心向往之。

高萍：你说，我们积累的较为稳定的拍摄方法，该怎样表述呢？但不应忘记或值得提醒的：“这只是我们的一些方法。”这方法，带有我们独特个性的审美偏爱；这方法，只是在拍摄老物件这一阶段较为适用的方法；这方法，也参与到我们艺术处理和对世界认识的自我系统的结构中。若要建立另外的系统，就必须重新调整或根本改变这些积累的方法。

任何艺术上的方法，都是相对、暂时、个别的，它附属于艺术家的目的。所以，“方法”也好，“经验”也罢，倘被当做“唯一”、“不可更改”、“一言以概之”或“放之四海而皆准”的，就是荒唐的了。更多让人类看到的，是互相借鉴、比较、突破、交叉、转化、回溯、潜变、综合等等丰富复杂的情况，这也才符合几百年乃至上千年来艺术不断演化的历史。

沈继光：你近乎悖论的解说，让我们对方法的正式表述轻松起来。这真要好好谢谢你。

“表述一”：光线在无际空间的神秘游动和在物件上的降落，让我们不得不虔诚地侍奉，特别是那微弱的一束有限的天光。

在几乎所有的拍摄中，我们不惊扰，不贪多，不用闪光灯，不增加任何人为的光源，让老物件最富情感语言的部位与“微弱的一束有限的光”衔接起来，或成轮廓，或成起伏，或成精致，或成肌理。在迫不得已的情况下，仅用反光板远远地做一点极必要的暗部补充，其他一切静谧在浓重深厚的神秘中，你看不见什么，但能想象出些什么。

就如此的“不贪多，不贪亮，不贪人家都看得清清楚楚”，只取“让你只看你应该看的，不让你看你不该看的”。

真不讲道理！怎么知道哪些是应该让人家看，哪些又是不应该让人家看的？这让其他人见不着的权力，似乎就是艺术家天职、天才、智慧与良知的所在！他引领你学会“选择”看，学会欣赏和品味，学会走入意境，走入一个神秘而高迈的世界；否则，他就不是艺术家。

在你还没有学会“选择”看之前，他也许应该将“选择”前的效果与“选择”后的效果的对比，让你看，让你知道，让你明白。但我猜测，他弄他自己的“选择”还忙不过来，哪还有解说的工夫。

不过，我们仍要感激艺术家。他们以毕生努力，以自己的心汁调和着颜料汁，以自己的泪水搅拌着墨水，好好将经由他们“选择”的作品，提供给我们，给我们以精神的谷蔬，就足可以了，不必再怪罪他们。何况，你检查他们的涂了又涂、改了又改、像是毁灭了多少次的草图或草稿，清清楚楚标明了“选择”看的前后效果的差别。

在我对艺术似懂非懂的朦胧阶段，将大师作品（图页或文字）聚在三大本自制的册子里，朝夕认读，看他们“选择”后该让我看的，感受那伟大的境界与气息，终于知道了什么是真正的艺术，回顾再看其他，心中有数了。

高萍：快走题了，说到这里就该打住，尽管这段论述我也觉得饶有兴味。

你刚才讲“微弱的一束有限的光”使片子浓重沉厚，可别人批评“你们的照片太暗了”。

面对批评，我们俩都欣然接受。比较其他许多拍摄文物古董图片画页的书，我们的确“暗”了。但问题是：我们从起始的愿望上，就不准备将老物件的“刻录”弄得亮堂堂一览无余。

我们对光的不贪与珍惜，恰恰是用来守住老物件坚沉、浑朴、庄严、古远的性格。大约有这样一个理儿：你想表现什么性质的世界，你就会摘取什么性质的光。

至于说到以往文物古董的拍摄法，要求物体完整、清楚明亮，还有紫红、金黄、艳蓝之类的绒绸作背景，作垫布，或以名贵的木石作托架，那是他们习惯的规范、他们认定的道理，大约也符合他们的审美口味。但，有那么一句话："别忘了，真理的对面，也是真理呀。"

自然，我们就取了另外的属于我们的真理；自然，我们也不断摆脱我们以往的认定而寻找不尽的真理。真理可能就是永恒地寻找。

沈继光：只是还要补充：为了坚守对老物件的读解，配合"浓重深厚"，我们采用的方法是减少一档乃至二档的正常曝光。"减少正常曝光，就是不正常不规范了呀！"对，我们就是用一点点的"不正常"、"不规范"积攒起来，逐步建立起我们自己的独有规范。

对了，由于照片的浓重深厚，也减少了色彩效果。本来，老物件自身加彩色胶片的二重缘故，会有比较强些的色彩出现，别人以为这是好事，"有色彩多好呀！"

但我们反其道而行之，是利用一切条件，减弱色彩。"这又是为什么？"还是那个唯一的理由："坚守对老物件的读解。"

"色彩更多的是视觉的愉悦欢乐，而阻碍了心魂的成长。"我在长期的绘画艺术的研习中，缓慢地读懂了"黑白灰而略存最有必要的色彩感"的重要意义，读懂了油画"灰颜色"的微妙之处，读懂了对色彩的"吝惜"……

甚至，在最后经由电脑制版和《老物件》进入油墨印刷成书的过程，可能，我们还要继续加入一些“消减色彩”的程序，以维系铅华洗尽的样子。

高萍：说到“不规范”，我们拍摄老物件，还使用了近距离拍摄“禁忌”使用的变焦的长焦距镜头。

为什么那种镜头成为禁忌呢？景深太窄！几乎只在一点聚焦，其他全模糊了。

这是它的弊病。“这一弊背后的一利是什么？这一弊可有适当的补救之法？”我们在最初的拍摄失败后，才向自己发问；发问之前，是我们对那弊病或者说是对手中工具的一知半解。

开始，让我们选择这种镜头的理由，是看上了变焦的长焦距镜头最大的一利——可以随心所欲地捕捉到最有表现力的画面构图，以取得老物件充沛于所在环境的佳妙处，包括上顶天、下着地、形圆气方，足让人注目细读。这一利，是任何其他镜头都难以做到的，舍此，将舍了“随心所欲”的根本。

随着发问，又找到了补救的方法，就是将光圈调到最小，曝光时间延到最长，1 秒或 B 门，让老物件“耐看”的部分都包括在比较清晰的景深之中。当然，我们必须使用意大利“曼富图”稳重的三脚架。

在不断的发问和寻找答案的实践中，明白“任何局限里都包含着可能，可能里又包含着局限”。这道理和你干的事情，究竟怎么细密地结合，取什么，你心里要有数，你要知道你到底要什么。总之，你要一番实践，一番费脑筋。

沈继光："表述一"，涉及的仍是摄影语言的问题，说到这儿，似乎差不多了，尽管有许多地方没有说细说透。用句不客气的话代替：我们还没有具备在那许多地方、许多问题上说细说透的能力。

高萍：说细说透，深入浅出，从一个小问题入手研究，最后能带出一串大问题思索，是大师的能力，是大师的风范高标，我们哪能轻易攀登得上呢？但我们仰望，并互相鼓励着去攀登，这就行了。对人，对己，别太苛刻。

我请你做“表述二”的表述，怎么样？

沈继光："表述二"涉及的是什么，我还真找不到恰当的句子来概括，无非是想拍出老物件的原汁原味，让老物件是活的、生动的，它在呼吸着新鲜的空气。否则，放在博物馆玻璃框的柜子里，那它已经死了

怎样才能让老物件在它原来生活的位置和环境中自由地呼吸？没有其他的办法，只能是千里迢迢，负重搭车，串巷爬坡，去村落、古镇、山寨、沟庄……

也正是这千里迢迢，我们被老物件所依偎的怀抱深深感动；生命的确是在一种关系中存活和勃起的！

我们拍，拍那几十块碎布拼成图案的枕头，枕头躺在炕席上，炕沿的老横木已黑沉润亮，吟唱着人与枕、与席与炕沿的夜夜厮守和磨合。

我们拍，拍那镐、钉耙、锄，它们正好错落地勾搭在仓房的门框上，兄弟般的亲热。几块顶瓦颓掉了，露出的一线天光又消失在仓房的静暗中。

我们拍，拍那墙上糊的大白纸并不讲究，靠墙的大酒缸当了水缸，缸口盖子是秫秸编的圆屉儿，并没有盖严实，一个粗瓷大碗在上面放着，仿佛在等待下地干活回来的主人痛痛快快喝上两大碗凉水。

我们拍，拍那温暖老屋的门环，成对儿。老两口，还有他们的孩子，远亲近邻来这里，开开合合，推推拉拉，敲敲打打，时光流逝着，生命磨损着也繁衍着，无论是人是物，相互都刻上了年轮，浸出了光泽。那嵌着门环的老门框木棱上，发黄的水渍成纹的高粱纸，也在默默诉说着什么。

我们拍，拍那不知叫什么的什么，用藤条或荆条编成，半张席子那么大，却牢实得很，上面还配有铁环、绳带。经老农相告，才知道那叫耢，通常在耙地过后，再以耢弄碎弄细土块，平整庄田，保墒备种。这耢，立靠在农院一角大车架前，靠得那么舒坦。

……

高萍：毕竟那是我们在那个生动环境中共同发现、共同敬慕、共同问询、共同感动又共同拍摄的。尽管在反应的速度上，有你前我后，我疾你缓；尽管在关注的部位上，有你形我质，我侧你正；尽管还要在拍摄前，或是你去把那油勺拿出、斜放在油罐的前面，或是我把储存菜籽的牛角盒有意堆在有水桶的石阶窗下，或是你把旧式洗脸架移到门边，并打开半扇满是木筋的老门，或是我俯身拾走独木砍制的饮水槽边的塑料袋……

你还记得吧，我们在巴蜀的羌寨，爬上石堡阁楼，昏暗中看清墙架上插着几把干不同活儿的镰刀，还缀着木制的挂夹，刻着“桃坪”字样，一见，就晓得有不短的年份。只有一只 15 瓦、熏满油渍的钨丝灯泡挂在头顶，发出红橙色的微光。我们脚下的地板还在颤动，很像我们看到这一组老镰刀后的兴奋与激动——因为那经年使用的一个个刀具，活活泼泼又安安静静地你靠我依地插在陈旧的木架上，染上那昏光，甚至墙上残留的贴纸都一并走进了镜头的画面中。

我们屏住气，几乎用了 4 秒的曝光时间，将这难忘的羌寨老物件凝固刻录在胶片上，拍完这一张，我们互相拍了一下肩膀——“就凭这一张，千里迢迢来这儿，值了！”

沈继光：“千里迢迢”，保证了我们找到老物件所在的结结实实的生存条件，它对我们是多么重要——嘿，我们似乎弄错了，那老物件结结实实的生存条件不正是我们要找到的人的结结实实的生存条件吗？我们的感动与向往，就是对老物件、老物件所处的环境以及连带在一起的整个平民朴实平静生活的感动与向往呀！

正是“千里迢迢”，正是“寻到老物件的生存环境”，让我们能在山沟里，和老乡坐在炕上，用着他从老柜深处取出的老物件温酒壶，一起喝酒聊天；让我们能在村落的夜晚，去看梆子或高腔的露天大戏。我们知道那不光是戏，更多的是乡亲的聚会，又是聊天、又是买吃的、买喝的，好像是白天赶集的继续，让你玩到半夜、玩到天明。让你忘却了干活、谋生，尽情享受生命，享受不计时间的真快乐。

正是“千里迢迢”，正是“寻到老物件的生存条件”，这长途的旅行中，我们见到了岷江，它百涌千动，浪花飞溅，还伴着哗哗的声响，极像在唱歌与舞蹈，极富生命的活力。怎么回事？它怎么能成这个样子？噢，原来河床尽是成阵成阵的卵石，方向冲着水流，于是激起浪花，碰出声响，这自然的启示，不能不让我们想到发问、质疑、互激、互动的思维与生活会获得怎样的生机自由！

“千里迢迢”的过程本身，同样也成了结果和目标。换一句话也许更精炼：真理既是已达到的结果，更是通向这个结果的道路——我们渐渐地学着，以满目菩提的心态看待自然，看待社会，看待历史。

高萍：你不觉得，即使“千里迢迢”，我们也有拍摄中的无奈吗?

沈继光：当我们遇到收藏老物件的有心人，但不具备老物件活生生的生存环境时，只好将不利的环境不留一丝地全部剔除，以沉暗的背景——一块黑丝绒布做底衬，只将老物件单纯而明晰地留在人们关注的视野里，那背景，不会对老物件有任何形、色的干扰。

这只是一个没有更好办法的办法，只是无奈中，一个让人专注于老物件的办法。但它又是一个艺术上做减法的极高明的办法。

高萍：我们曾讨论过一个问题，并且付诸了实践。即：留住老物件的同时，也要留住洒落着那些老物件的大环境——那些古朴美丽的村落、庄镇。

我们虽然拍摄了一些，但也是相当困难的。正如对老物件的拍摄，同样亦是困难。我想起你二十年前拍摄《旧京残片》的事，那时你就已经看到，文化古城北京的大环境，由于所谓的现代化建设、开发、利用、改造，几乎被肆意破坏、瓦解成“碎片”，你以局部、片断来记录北京，直取“残片”，题名“残片”，它是无奈中的拍摄手法，见出了这内中的勇气与良知，智慧与思考，批判与愤怒。

沈继光：无奈是无奈，但我们不惧怕无奈，并且，在无奈中找到真实有力的语言去揭示“无奈”。我在反复留恋古城的思索中，找到了一个切入点，一个表现方法，就是真切记录这最后的残片，它来自人的诚实，也来自艺术上的拙实——它不要任何外在的修饰和仿造，它拒绝那光艳流彩、附庸风雅而没有一点风雅的“假大空”。

以“残片”为题，正有对导致残片的质问与追究！

遗产的消失与遗产的保护交错着，使我们更有一种紧迫感。回到原来的话题，纵然我们努力在“收拾”老物件，拍摄了洒落老物件的几个古村古镇，那几乎也有一种收拾残片的感觉。

沈继光：四年来，虽然只是断断续续，但我们拍摄这残片《老物件》仍倾注了热情、毅力和心血，尽管只是一个开始，尽管也“为时够晚”。

高萍：我们很笨，又不是搞文字的，所以弄起来费劲极了。由于对“问题意识”的意识，由于“语言的整个生活，无论是在哪一个运用领域里，无不渗透着对话的关系”（巴赫金原语），我们一面回顾，一面讨论，一面质疑，一面温习，草就了这样乱乱丛丛的一大篇。但我总感到内容不十分清晰，条理多变，斑杂多枝，似乎让人不知到底读什么。琢磨起来，这是不是个遗憾呢？我们的能力也就如此了呀！

沈继光：的确，我们有许多力不从心的地方，这有待以后再学，但我也有另外的看法。我们书稿中，有两幅作品是襄汾丁村旧石器时代遗址出土的石器（砍砸器和石球），是距今大约近十万年的丁村人制造使用过的生活用具，以此狩猎，敲骨，刮肉，挖掘植物的块根，击碎果壳……这你非常清楚，因为是你我一起拍摄的。但为什么要将这纳入清末民国以来几代人使用的老物件的行列呢？这是否在内容上显得出格或不伦不类呢？

图注中我们清晰地写道："几乎就要撤离丁村时，我们才想到老物件和丁村遗址出土石器之间所拥有的联系，那是一种几万年漫长的联系啊。而我们在思维上将它们联系起来，同样也有着一种艰难神奇的、从渐悟到顿悟的过程。当我们无意间问自己，那石器不正是最老最古最正源最集中的生活和劳动器具吗？不正是一切老物件的祖宗吗？……"物语三千"从现代，近代，走向了深深的历史。"

人类祖先靠石器进行几乎所有的生产和生活，石器，变成了我们拍摄老物件中一再寻找的最老的物件，而晋南之行，我们幸运地碰上了它。

这可以算作书稿图文中一个突兀的别枝，似乎离了群似的，但它却是老物件大河奔流的起源，最先从雪山融化而开始的细脉潜流，却是老物件参天大木的虬根，深扎在几米、十几米的大地泥土中……

我们从何处来？这似乎不该放入的图片正是我们最应该放入的，它不是别枝，它是老根。

高萍：不用再说什么，只是我们还像调皮活泼的孩子，一会儿蹦到东，一会儿跳到西，但都在自身生命活跃的空间里。我们没有什么禁忌，知道人就应该如此活泼，如此地说真话。我们在河北、河南村镇拍摄不同形制的夜壶，不是也被个别人指责是“出了格”，“专拣老百姓落后的、脏的、阴暗的”来拍摄吗？我们回答说：“人，都是要拉屎、撒尿的，这是人类基本正常的生活，没有什么光明与阴暗。”我们说完，乡亲们笑了，那个人走了。

每想到那张古希腊陶瓶般神圣的夜壶作品，每想到那次笑的场面，我们都格外开心。真是值得一生自豪的事——就是头一遭拍了一只平常的夜壶。

沈继光：我们以前“拍摄中的问答”，我们几百幅老物件的图和注，都有一些荒草杂生、断木斜柯的朴实感觉，绝不像王府庭院、皇胄园林那般的小桥流水、雕栏画廊，那也不是我们的本意与风格。即使有人帮助我们扫净了我们作坊前的石径和土地，我们也会再轻轻撼动坊前的那株古柳枝条，让它的叶又飘飘洒洒落满一地。那才是我们理解的大净，我们感受的自由，我们钟爱的风景。

高萍：通过互问，好像我比任何时候更多地理解了你，也理解了我们，甚至理解了我们的理解。

经典上讲，艺术家的绝响，所要表达的，无它，只有时间和人性。我们虽然只将《老物件》做了一个开始，但已和时间、人性触摸了，真让我快乐极了。

沈继光：是啊，人，倾其一生，没有人是在所有的层面上都无懈可击的，这也成为所有人可以继续奋斗的理由。“不顾生命，只求知天下。”我们好久没有听到这样识卓气高的长啸了吧？！那是怎样一种情怀和境界，那是怎样一种自强不息、日夜兼程的脚步声！

历史上不就有这样的人吗？虽不能至，心向往之，让我们幸运地吮吸他们自由的伟大气息，不断走向那永远走不到的遥远地平线。

我们热爱历史的遗产，在我们的不断求学的努力接受中，应该是历史与今天、今天与未来同在。

沈继光 高萍

2004 年 7 月 10 日